Holger Reibold

VirtualBox 5.0 kompakt

BRAIN MEDIA

Herausgeber: Dr. Holger Reibold

Umschlaggestaltung: Brain-Media.de

Satz: Brain-Media.de

Korrektur: Theresa Tting

Coverbild: HerrSpecht / photocase.de

ISBN: 978-3-95444-222-5

Inhaltsverzeichnis

Vorwort

Bestimmt ist Ihnen das auch schon mal passiert: Sie haben von einer interessanten Anwendung oder Umgebung gehört, die Sie gerne einmal ausprobieren möchten. Doch leider stellt sich dann bei näherer Betrachtung heraus, dass Sie über keine Plattform verfügen, mit der Sie die Anwendung evaluieren könnten. Sie wollten schon immer mal ohne Bauchschmerzen eine bestimmte Server-Komponente auf ihre Praxistauglichkeit hin testen? Oder Sie wollten sich einmal in Sicherheitswerkzeuge wie Nmap oder OpenVAS einarbeiten, aber es fehlte das geeigneten Netzwerk, um die Möglichkeiten eines solchen Programms zu testen?

In solchen Fällen wäre es praktisch, wenn man einfach ein entsprechendes System aufsetzen oder ein Testnetzwerk einrichten könnte. Das Einzige, was Ihnen hierfür fehlt, ist ein Programm wie VirtualBox. Der Name ist dabei Programm, denn Sie können mit einer Virtualisierungsumgebung wie VirtualBox auf einem Standard-PC nicht nur andere Betriebssystemplattformen simulieren, sondern sogar ganze Netzwerke realisieren.

Das Tolle an VirtualBox: Sie können damit eine andere Rechnerplattform simulieren. Ein 32-Bit PC kann mit Hilfe von VirtualBox in eine 64-Bit-Plattform verwandelt werden. Außerdem können Sie auf einem Rechner mehrere verschiedene Betriebssysteme ausführen. Sie können in verschiedenen virtuellen Maschinen beispielsweise Windows und Linux-Betriebssysteme ausführen. So verwandeln Sie einen Windows-Rechner in ein vollwertiges Mac-System oder führen auf einem Mac einen Windows-Server aus. Theoretisch können Sie beliebig viele virtuelle Systeme, man spricht üblicherweise von virtuellen Maschinen, kurz VM, ausführen. Einzig die Rechnerkapazität bestimmt die Anzahl der ausführbaren Maschinen. VirtualBox ist so leistungsfähig, dass Sie sogar vollständige Clouds auf einem einzigen Rechner anlegen können.

Nun stellt sich unmittelbar die Frage, welches die praktischen Einsatzszenarien für VirtualBox sind? Einer der wichtigsten Anwendungsbereiche ist bereits gefallen: Die Ausführung von verschiedenen Betriebssystemen auf einem einzigen Rechner. Damit bieten sich Ihnen die verschiedensten Anwendungsmöglichkeiten. Sie können auf einem Windows-Rechner beispielsweise Anwendungen ausführen, die ansonsten eine andere Rechnerarchitektur verlangen würden. Das ist praktisch und kostensparend, weil Sie auch ohne einen zweiten Rechner direkt loslegen können.

Gerade im Enterprise-Umfeld gehen immer mehr Software-Entwickler dazu über, Ihre Umgebungen als sogenannte Appliance anzubieten. Auf diesem Weg können Sie vorkonfigurierte Installationen mit wenigen Mausklicks einrichten – ein Segen für Entwickler und Anwender gleichermaßen. Besonders einfach können Sie auf diesem Weg vollständige Betriebssysteminstallationen sichern und wiederherstellen.

VirtualBox erlaubt es, von Ihren Installationen sogenannte Schnappschüsse zu erzeugen, in denen ein bestimmter Zustand festgehalten und dann eingefroren wird. Sie können diesen Zustand jederzeit wieder auflösen.

Einer der zentralen Vorteile von VirtualBox: Sie können die vorhandene Hardware optimal ausnutzen und somit die Kosten für Computer (und damit auch für den Stromverbrauch) erheblich senken. In vielen Umgebungen werden jede Menge Ressourcen vergeudet, die man dank einer Virtualisierungslösung effektiv nutzen könnte.

Das vorliegende Buch führt Sie in die Verwendung der lange ersehnten Version 5.0 ein. Sie lernen in diesem Einstieg die wichtigsten Begriffe und VirtualBox im Schnelldurchlauf kennen. Sie erfahren, wie Sie VirtualBox auf unterschiedlichen Plattformen in Betrieb nehmen, wie Sie die virtuellen Maschinen konfigurieren und Zusatzfunktionen für Gastsysteme einrichten.

Zwei weitere wichtige Themen sind die Verwendung von virtuellem Speicher und der Aufbau von virtuellen Netzwerken. Auch fortgeschrittene Themen wie Sicherheit kommen nicht zu kurz.

Ich wünsche Ihnen dabei viel Spaß und Erfolg!

Herzlichst,

Holger Reibold

(Januar 2016)

1 Quickstart

VirtualBox ist ein schönes Beispiel dafür, wie ein innovative Software aus einer kleinen deutschen Software-Schmiede weltweite Verbreitung erlangt. 2004 begann das Weinheimer Unternehmen innotek mit der Entwicklung von VirtualBox. Anfang 2007 stellte innotek VirtualBox erstmals als freie Software zur Verfügung und wurde ein Jahr später von Sun Microsystems übernommen. Sun Microsystems wiederum wurde 2010 von Oracle geschluckt und seither wird VirtualBox von Oracle vertrieben. Die Software unterliegt der GPLv2, das Erweiterungspaket, das sogenannte VirtualBox Extension Pack, unterliegt einer proprietären Lizenz.

Auf den ersten Blick sind in VirtualBox 5.0 keine wesentlichen Neuerungen zu erkennen.

1.1 VirtualBox kennenlernen

Wenn Sie konkret mit dem Gedanken spielen, eine Virtualisierungsumgebung einzufügen – und sei es nur zu Testzwecken – so sollten Sie sich zunächst ein wenig mit der Terminologie befassen. Es sind nur einige wenige Begriffe, aber die und deren Bedeutung müssen sitzen.

Das Host-Betriebssystem, oder einfach nur Host, ist das System, auf dem die VirtualBox-Installation ausgeführt wird. Es handelt sich dabei um einen physikalischen Computer, auf dem ein bestimmtes Betriebssystem ausgeführt wird, das dann als Grundlage für die Ausführung einer VirtualBox-Installation dient. VirtualBox kann auf folgenden Plattformen ausgeführt werden:

- Windows
- Mac OS X
- Linux
- Solaris

Wir kommen im nächsten Abschnitt auf die Installation auf den verschiedenen Plattformen zu sprechen. Die Unterschiede der verschiedenen VirtualBox-Varianten sind minimal.

Der Gast, man spricht auch vom Gast-Betriebssystem oder Guest OS, wird innerhalb einer virtuellen Umgebung ausgeführt, die von dem Host bereitgestellt wird. VirtualBox kann verschiedene Plattformen simulieren und so die Ausführung aller gängigen Betriebssysteme ermöglichen. Sie können auf einem Host beispielweise Windows-, Mac OS X-, Linux-, FreeBSD und OpenBSD-Systeme ausführen – auch gleichzeitig verschiedene oder mehrere eines Typs.

Der Begriff der virtuellen Maschine, kurz VM, ist bereits mehrfach gefallen. Dabei handelt es sich um eine spezielle Umgebung, die der VirtualBox-Host für den Gast erzeugt und bereitstellt. Der VirtulBox-Host stellt also diese Umgebung bereit, in dem der Gast dann ausgeführt wird. Sie können sich den Gast als einen Computer im Computer vorstellen.

Normalerweise wird diese VM auf dem Desktop-Rechner angezeigt, aber auch ein Remote-Zugriff ist möglich. In einer VM sind verschiedene Parameter hinterlegt, die die Rahmenbedingungen für die Ausführung des Gastes bestimmen. Dabei handelt es sich beispielsweise um die Größe der Gast-Partition, den Prozessortyp, der RAM-Größe, der Netzwerkkonfiguration und vieles mehr. Die Eigenschaften einer VM werden über den VirtualBox Manager konfiguriert, können aber auch über die Konsole manipuliert werden.

Ein weiterer wichtiger Begriff ist der der Virtualbox Guest Additions – oder zu Deutsch Gasterweiterungen. Diese Erweiterungen werden beispielsweise benötigt, um die Performance des Gastes zu optimieren. Oder wenn Sie Windows 10 in VirtualBox installieren wollen, benötigen Sie ebenfalls eine solche Erweiterung, denn erst sie schaltet zusätzliche Funktionen der virtuellen Maschine frei, etwa das Erstellen gemeinsamer Ordner, die gemeinsame Zwischenablage und erweiterte Grafikkarten-Treiber. Wir kommen in Kapitel 3 auf diese Erweiterungen zu sprechen.

VirtualBox zeichnet sich durch verschiedene Besonderheiten aus, dank derer die Virtualisierungsumgebung für den Produktivitätseinsatz in Unternehmen interessant wird. VirtualBox kann auf verschiedensten 32- und 64-Bit-Hostsystemen ausgeführt werden. Die Software übernimmt dabei die Rolle des sogenannten Hosted Hypervisors. Man spricht auch gelegentlich von einem Hypervisor Typ 2 – im Unterschied zum Hypervisor Typ 1 (bare metal), der direkt auf der Hardware ausgeführt wird.

Die Unterschiede zwischen VirtualBox auf Linux, Windows oder einem anderen Betriebssystem sind minimal. Wir werden in diesem Buch nicht so tief vordringen, als dass diese für den Einstieg relevant wären. Der Vorteil: Sie können virtuelle Maschinen auf einer Plattform x erstellen, dort exportieren und diese dann in der Regel problemlos auf einer Plattform y wieder importieren. Dabei kommt insbesondere das Open Virtualization Format (OVF) zum Einsatz, das auch von anderen Virtualasierungsumgebungen unterstützt wird.

VirtualBox kann einer VM theoretisch bis zu 32 Prozessoren zuweisen. Sie sehen: Dadurch ergeben sich beachtliche Möglichkeiten. VirtualBox unterstützt alle gängigen Hardwarekomponenten, USB, ACPI, iSCSI und mehrere Bildschirme. Eine weitere Besonderheit ist die VM-Gruppenfunktion. Damit können Sie mehrere Benutzer und VMs organisieren und verwalten.

Auch das Stichwort Remote-Zugriff ist bereits gefallen. Die sogenannte VirtualBox Remote Desktop Extension, kurz VRDE, erlaubt den Fernzugriff auf beliebige virtuelle Maschinen. Diese Erweiterung unterstützt auch das von Microsoft entwickelte Remote Desktop Protocol (RDP). Wir kommen auf die Möglichkeit des Fernzugriffs später noch zu sprechen.

1.2 VirtualBox 5.0 installieren

Ich habe es bereits erwähnt: VirtualBox 5.0 kann auf den verschiedensten Systemen ausgeführt werden. Dabei können Sie auch ein wenig angestaubte Rechner reaktivieren und diese als Ausführungsumgebung für die eine oder andere Lösung verwenden, beispielsweise als NAS- oder Backup-Server.

Als Host-Plattformen für VirtualBox 5.0 kommen folgende Windows-Betriebssysteme in Frage:

- Windows Vista SP1 oder höher (32-/64-Bit)
- Windows Server 2008 (64-Bit)
- Windows Server 2008 R2 (64-Bit)
- Windows 7 (32-/64-Bit)
- Windows 8 (32-/64-Bit)
- Windows 8.1 (32-/64-Bit)
- Windows 10 (64-Bit)
- Windows Server 2012 (64-Bit)

- Windows Server 2012 R2 (64-Bit)

Wenn Sie VirtualBox unter Mac OS X einsetzen wollen, benötigen Sie eines der folgenden Systeme:

- 10.8 (Mountain Lion)
- 10.9 (Mavericks)
- 10.10 (Yosemite)

Laut dem Entwicklerteam kann VirtualBox 5.0 unter folgenden Linux-Betriebssystemen eingesetzt werden:

- Ubuntu 10.04 bis 15.04
- Debian GNU/Linux 6.0 (Squeeze) und 8.0 (Jessie)
- Oracle Enterprise Linux 5, Oracle Linux 6/7
- Redhat Enterprise Linux 5, 6 und 7
- Fedora Core / Fedora 6 bis 22
- Gentoo Linux
- OpenSUSE 11.4, 12.1, 12.2, 13.1
- Mandriva 2011

Prinzipiell sollten Sie VirtualBox auch unter jeder anderen Linux-Variante verwenden können, die einen Kernel 2.6 oder 3.x verwendet. VirtualBox kann außerdem unter allen 64-Bit-Solaris 10- und 11-Versionen eingesetzt werden.

Nachdem Sie die Systemvoraussetzungen geprüft haben, können Sie sich auf dem von Ihnen präferierten Betriebssystem an die Installation machen. Besonders einfach ist die Installation von VirtualBox unter Windows. Hier laden Sie sich einfach das Installationspaket mit der Bezeichnung *VirtualBox-5.0.x.exe* herunter und folgen den Installationsanweisungen.

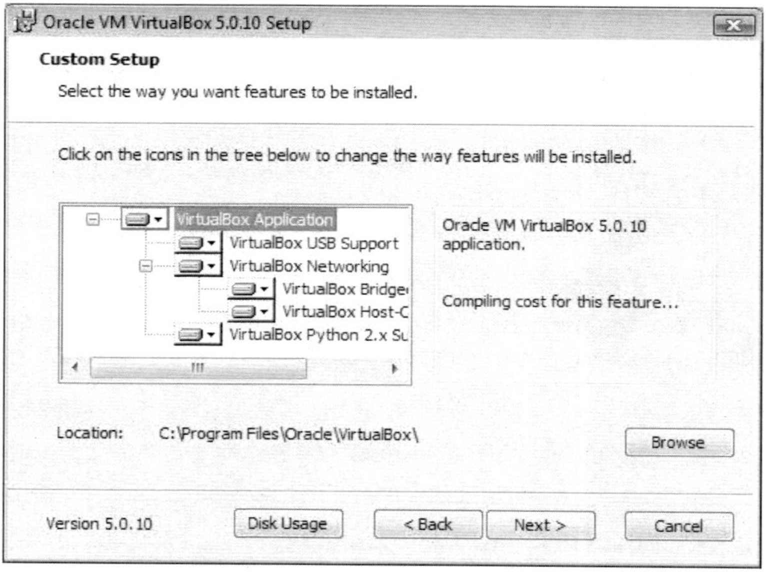

Die Auswahl der Installationskomponenten von VirtualBox 5.0 unter Windows.

Der Installationsassistent stellt Ihnen verschiedene Komponenten zur Auswahl. In der Regel sind hier keinerlei Anpassungen erforderlich. Sie können außerdem dem Erstellen einer Desktop-Verknüpfung zustimmen. Anschließend kopiert das Installationsprogramm die Daten in das dafür vorgesehene Verzeichnis und erzeugt einen Programmgruppeneintrag und eine Verknüpfung, über die Sie das Programm starten können.

Wundern Sie sich nicht: Auch wenn der Installationsassistent Sie in Englisch durch den Vorgang begleitet, nach der Installation steht Ihnen eine deutschsprachige VirtualBox-Benutzerschnittstelle zur Verfügung. Während der Installation müssen Sie außerdem der Einrichtung einer USB- und zweier Netzwerkschnittstellen für die Virtualisierungsumgebung zustimmen. Die benötigen Sie, damit die Gäste auf das USB-System des Hosts und dessen Netzwerkadapter zugreifen können.

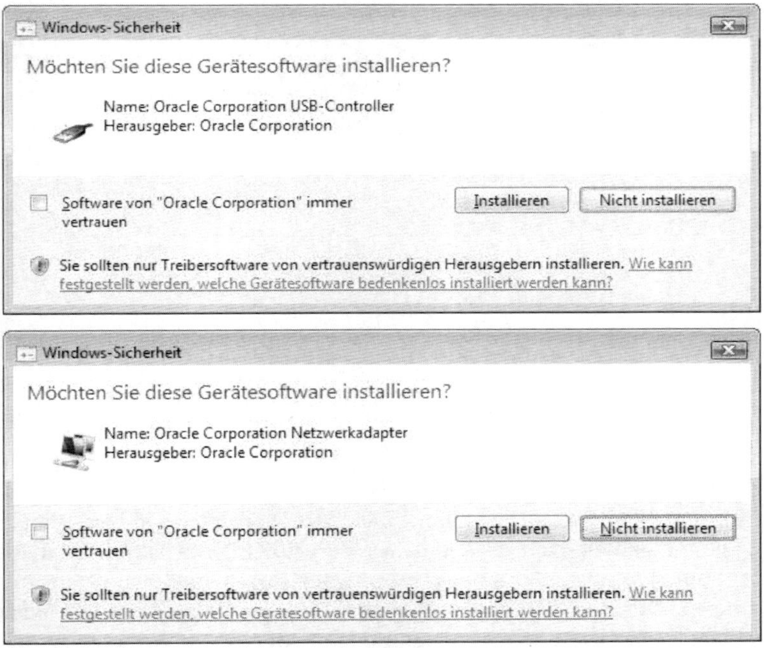

Die Installation der USB- und Netzwerktreiber.

Abschließend präsentiert Ihnen der Installationsassistent eine Erfolgsmeldung, dass VirtualBox vollständig installiert wurde, und Sie können das Programm das erste Mal starten.

Besonders einfach ist die Installation von VirtualBox unter Mac OS X. Hier laden Sie sich einfach die aktuelle DMG-Datei herunter und installieren diese mit einem Doppelklick. Der Installer führt Sie durch die notwendigen Schritte, bis VirtualBox über die Anwendungen verfügbar ist.

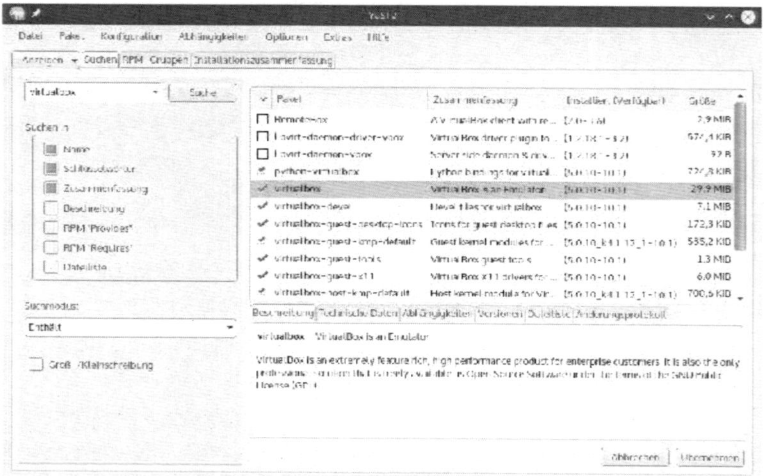

Die Installation von VirtualBox unter OpenSUSE.

Auch die Installation von VirtualBox unter Linux ist einfach. Zunächst sollten Sie sicherstellen, dass auf dem verwendeten Linux-System Dynamic Kernel Module Support (DKMS) installiert ist. Diese Funktion sorgt dafür, dass die VirtualBox-Kernel-Mode korrekt arbeitet. Der Rest ist einfach: Am einfachsten greifen Sie zum Paketmanager der jeweiligen Distribution. Dort sollte in der Regel die aktuelle VirtualBox-Version verfügbar sein. Unter Debian-basierten Umgebungen können Sie die Installation mit folgendem Befehl ausführen:

```
sudo dpkg -i virtualbox-5.0xxx.deb
```

VirtualBox stellt auch unter Linux einen Installer zur Verfügung.

```
./VirtualBox.run install
```

Sie müssen anschließend nur noch die VirtualBox-Gäste der Gruppe *vboxusers* hinzufügen:

```
sudo usermod -a -G vboxusers benutzername
```

1.3 Erste Schritte

Unabhängig davon, auf welchem Betriebssystem Sie VirtualBox installieren, es wird immer ein Menüeintrag bzw. eine Verknüpfung zu dem ausführbaren Programm erzeugt. Unter Windows werden neben einer Programmgruppe auch Einträge in der Taskliste und auf dem Desktop angelegt.

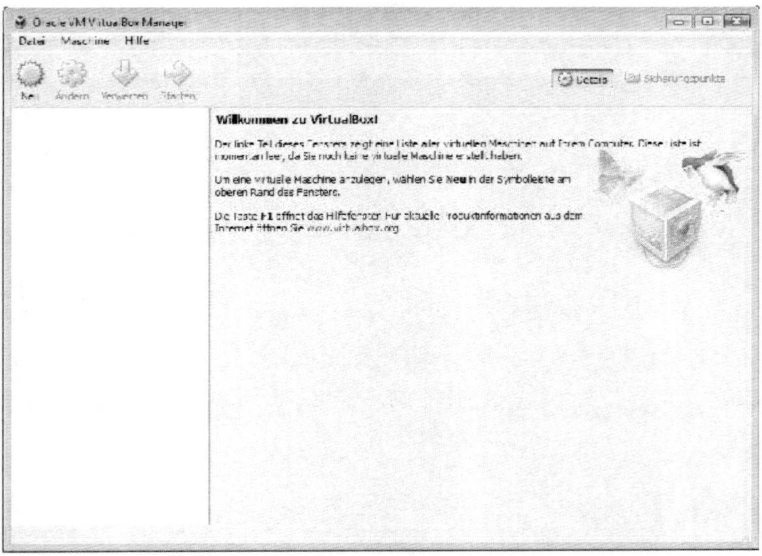

VirtualBox 5.0 nach dem ersten Starten unter Windows.

Die VirtualBox-Benutzerschnittstelle ist einfach aufgebaut. Unterhalb der Menü- und Symbolleiste finden Sie links die Liste der angelegten virtuellen Maschinen, rechts die Einstellungen eines markierten VM-Eintrags.

1.3.1 Erste virtuelle Maschine anlegen

Um Ihnen das Erstellen von virtuellen Maschinen so einfach wie möglich zu machen, stellt Ihnen VirtualBox einen Assistenten zur Verfügung. Um eine virtuelle Maschine anzulegen, klicken Sie in der VirtualBox-Symbolleiste auf die Schaltfläche *Neu*. Weisen Sie der neuen virtuellen Maschine in Eingabefeld *Name* eine Bezeichnung zu. Wenn Sie eine Bezeichnung verwenden, die sich mit einer unterstützten VM-Umgebung deckt, füllt der Assistent die beiden darunterliegenden Felder aus. Geben Sie beispielsweise die ersten Buchstaben von Linux ein, nimmt der Assistent an, dass Sie ein Linux-System anlegen wollen.

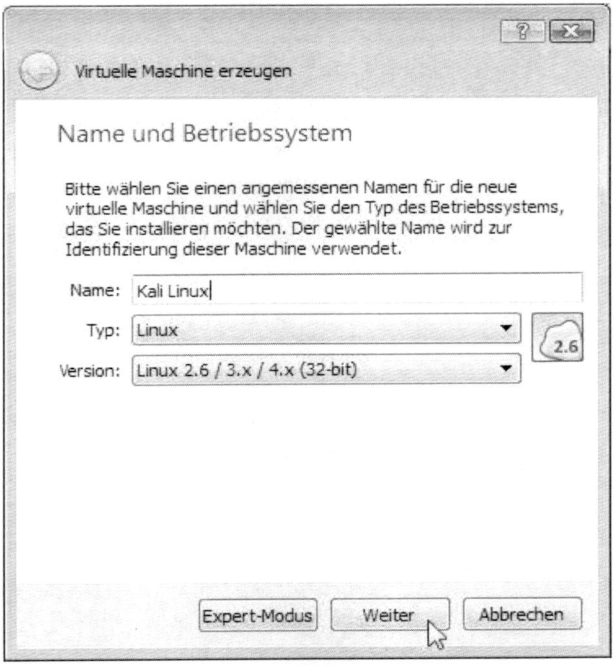

Der erste Schritt des VM-Assistenten.

Nach der Angabe der Bezeichnung bestimmen Sie den Typ und die Version. Das Auswahlmenü *Version* stellt Ihnen alle unterstützten Betriebssystemvarianten zur Verfügung. Mit *Weiter* gelangen Sie zum zweiten Schritt. Wenn Sie bereits ein wenig mit VirtualBox und den möglichen VM-Einstellungen vertraut sind, können Sie anstelle der geführten Installation auch den Experten-Modus verwenden. Dieser stellt Ihnen eine Übersicht der möglichen Konfigurationseinstellungen zur Verfügung. Für den Moment folgen wie dem Assistenten. Mit einem Klick auf *Weiter* gelangen Sie zum zweiten Schritt. Der dient der Konfiguration der RAM-Speichergröße. Dazu steht Ihnen ein Schieberegler zur Verfügung.

Die Konfiguration der RAM-Größe.

Passen Sie die RAM-Größe an. VirtualBox schlägt einen Wert vor, den Sie nach oben verändern können, wenn das Host-System über ausreichend Speicher verfügt. Sie müssen dabei darauf achten, dass Sie dem Host-System weiterhin genug RAM lassen, damit dieses für alle weiteren Aufgaben genug Speicher besitzt. Mit einem Klick auf *Weiter* öffnen Sie den dritten Dialog. In diesem weisen Sie der virtuellen Maschine eine Festplatte zu. VirtualBox generiert standardmäßig für jede virtuelle Maschine eine neue Festplatte und weist dieser automatisch eine empfohlene Größe zu. Diese Größe kann nachträglich jederzeit geändert werden. Alternativ können Sie auch eine bestehende oder keine Festplatte verwenden.

Die Konfiguration einer virtuellen Festplatte.

Mit einem Klick auf *Erzeugen* öffnen Sie den Auswahldialog für den Dateityp der Festplatte. VirtualBox 5.0 kann folgende Typen erzeugen:

- VDI – VirtualBox Disk Image
- VMDK – Virtual Machine Disk
- VHD – Virtual Hard Disk
- HDD – Paralells Hard Disk
- QED – QEMU Enhanced Disk
- QCOW – QEMU Copy-on-Write

Das Standardformat ist VDI. Die anderen Formate sind insbesondere dann für Sie relevant, wenn Sie auch mit anderen Virtualisierungsumgebungen arbeiten oder Images gegebenenfalls austauschen wollen.

Mit *Weiter* kommen Sie zum vierten Schritt. Damit bestimmen Sie die physikalische Größe der Festplatte. Der zugehörige Dialog stellt Ihnen zwei Optionen zur Auswahl: dynamisch alloziert und feste Größe. Bei der dynamischen Belegung beansprucht die VM so viel Speicherplatz, wie für die Ausführung notwendig ist. Bei der festen Größe wird der für die Maschine vorgesehene Speicherplatz durch eine VirtualBox-Datei reserviert. Standardmäßig verwendet man die dynamische Variante.

Im nächsten Dialog bestimmen Sie die Bezeichnung der virtuellen Maschine und deren Größe. Über einen Schieberegler können Sie wieder die Größe ändern. In der Regel ist es sinnvoll, die Voreinstellungen zu übernehmen und dann im laufenden Betrieb gegebenenfalls die notwendigen Änderungen und Anpassungen vorzunehmen.

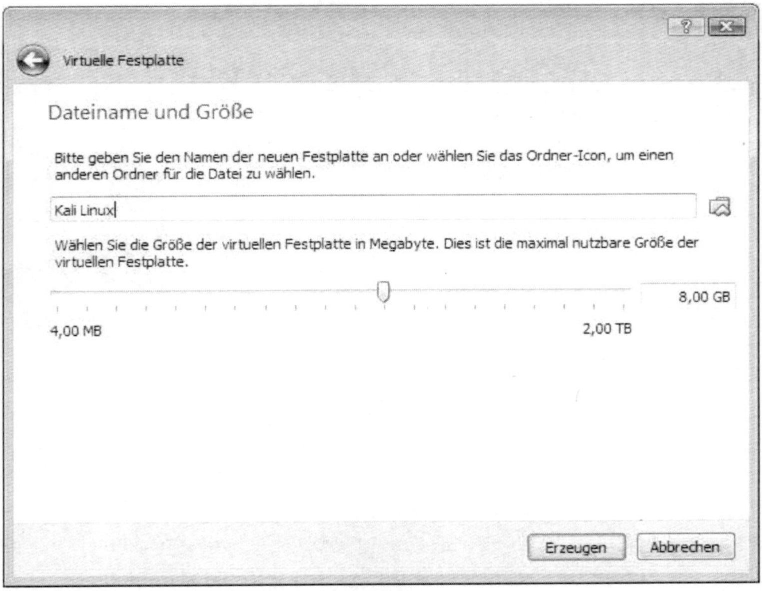

Die Konfiguration der Festplattengröße.

Damit hat der VM-Assistent alle notwendigen Informationen und kann die VM entsprechend den gewünschten Einstellungen erzeugen. Klicken Sie abschließend auf *Erzeugen*, damit VirtualBox die Konfiguration anlegt.

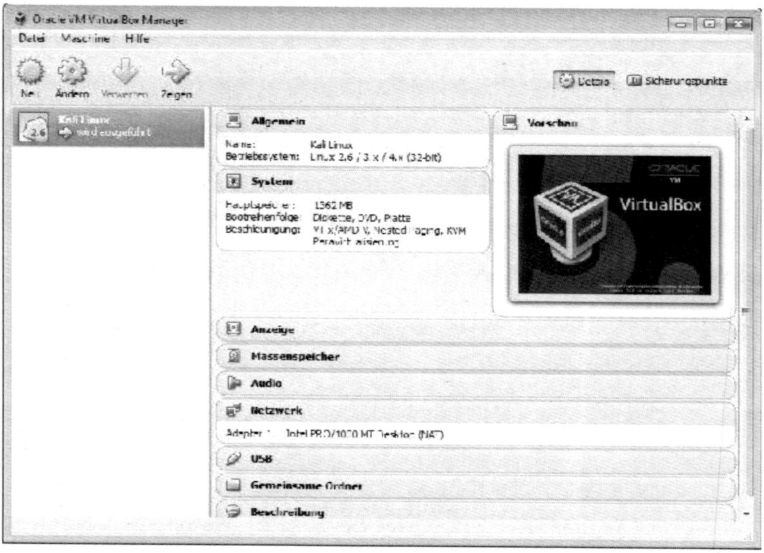

Die erste virtuelle Maschine ist in VirtualBox angelegt.

1.3.2 VM ausführen

Nachdem Sie die erste virtuelle Maschine angelegt haben, ist diese sozusagen startklar. Sie wundern sich womöglich, dass Sie mit dieser VM noch kein Betriebssystem verknüpft haben. Das kommt erst beim ersten Start der Umgebung, denn dabei müssen Sie ein Installationsmedium angeben.

Um eine VM-Konfiguration zu starten, klicken Sie in der Übersicht doppelt auf den gewünschten Eintrag. Alternativ können Sie über die Schaltfläche *Start* einen normalen Start, einen ohne GUI und den sogenannten abgekoppelten Start ausführen.

Wir verwenden hier die normale Startvariante und starten die oben angelegte VM. Nach einem kurzen Moment präsentiert der Dialog die Auswahl des Installationsmediums. VirtualBox geht standardmäßig davon aus, dass sich das Medium in einem angeschlossenen CD-/DVD-Laufwerk befindet. Sollten Sie das System von einer heruntergeladenen ISO-Datei installieren, wechseln Sie zu dem Download-Ordner und wählen das Image aus.

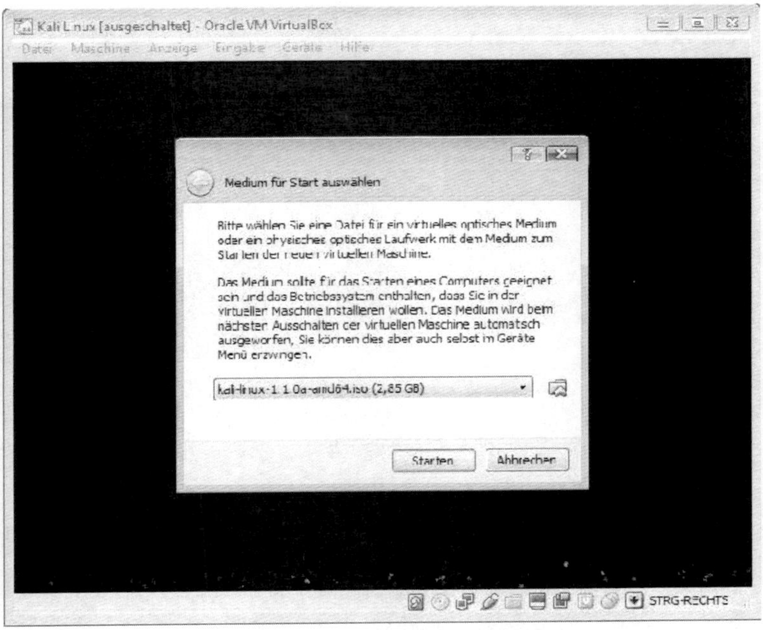

Die Auswahl des Installationsmediums.

Klicken Sie anschließend auf die Schaltfläche *Starten*, um die Installation der virtuellen Maschinen einzuleiten. In der VM-GUI können Sie nun den Installationsvorgang verfolgen und ausführen. VirtualBox und die von Ihnen angelegten virtuellen Maschinen nutzen natürlich die Tastatur und die Maus. Der Host und die Gäste teilen sich diese Geräte. Wenn Sie nun mit der Maus in die VM klicken, fängt diese die

Maus sozusagen ein. Um die Maus wieder für den Host freizugeben, verwenden Sie den sogenannten Host Key.

Bei Windows-Systemen verwenden Sie die Kombination *Strg + Rechtsklick*. In der Statuszeile der VM-GUI wird das Kürzel angezeigt. Abhängig vom verwendeten Host-Betriebssystem können Sie verschiedene Tastenkombinationen verwenden. Sollten Sie das Gastbetriebssystem neu starten wollen, führen Sie unter Windows die Tastenkombination *Strg + Alt + Entf* aus. Damit haben Sie auch Zugriff auf den Taskmanager und können gegebenenfalls VM-Prozesse beenden.

Ein Linux-Betriebssystem wird in der virtuellen Maschine installiert.

Unter Linux-Varianten können Sie mit *Strg + Alt + Leertaste* normalerweise einen Reset von X Window durchführen. Damit können Sie also auch einen Neustart einer VM ausführen. Unter Linux ist außerdem ein Wechseln zwischen den virtuellen Terminals mit *Strg + Alt + Fx* möglich, wobei das *x* durch den Wert *F1* bis *F12* zu ersetzen ist. Auch deren Verwendung ist im Zusammenhang mit VirtualBox sinnvoll. VirtualBox unterstützt weitere Tastenkombinationen, die sie über die Programmeinstellungen einsehen und ändern können.

Sie können die Größe des VM-Fensters einfach anpassen, in dem Sie mit der Tastenkombination *Host + F* in den Vollbildmodus wechseln. Mit *Host + A* können Sie die GUI beliebig anpassen. Im sogenannten nahtlosen Modus können Sie die Fenstergröße mit Hilfe der Maus besonders einfach verändern.

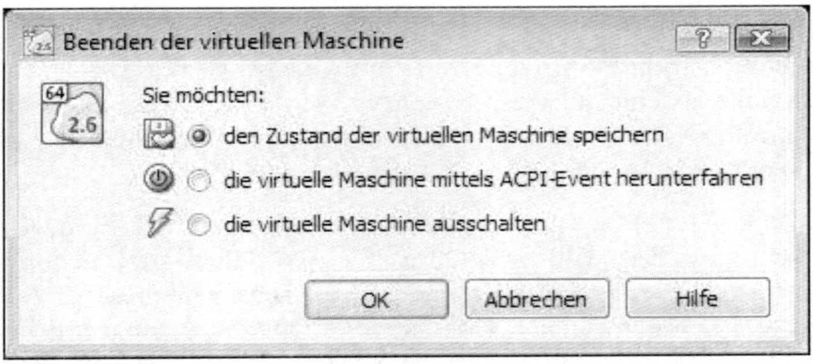

Das Beenden einer virtuellen Maschine.

Sie können eine virtuelle Maschine einfach beenden, indem Sie in der VM-GUI auf das Schließen-Symbol in der rechten oberen Ecke klicken. VirtualBox präsentiert Ihnen dann einen Auswahldialog mit drei möglichen Aktionen:

- **Den Zustand der VM speichern**: Diese Option friert den aktuellen Zustand ein. Wenn Sie die VM später erneut starten, befindet sie sich in exakt dem Zustand, in dem Sie diese angehalten haben.

- **Die virtuelle Maschine mittels ACPI-Event herunterfahren**: Bei dieser Option sendet VirtualBox ein ACPI-Signal an den virtuellen Computer. Das entspricht dem Betätigen des Ausschalters eines Rechners. Die meisten Betriebssysteme fahren dann noch ordnungsgemäß herunter.
- **Die virtuelle Maschine ausschalten**: Bei dieser Option werden die virtuellen Maschinen ohne irgendwelche Sicherungen von Daten, Zuständen etc. ausgeschaltet.

Die Wahl der Ausschalten-Option bestätigen Sie mit *OK*.

1.3.3 Weitere Besonderheiten

Eine weitere Besonderheit von VirtualBox: Sie können VMs gruppieren und so mehrere virtuelle Maschinen gemeinsam verwalten oder bestimmte Befehle auf diese anwenden. Auf diesem Weg können Sie beispielsweise VMs zu einem Netzwerk zusammenfassen oder aber VMs mit ähnlichen Aufgaben und Funktionen bündeln.

Um eine Gruppe anzulegen, klicken Sie auf einen VM-Eintrag, der aktuell ausgeführt wird, und führen Sie den Befehl *Gruppieren* aus. VirtualBox generiert eine Gruppe, der zunächst nur diese eine VM angehört. Um nun weitere VMs dieser Gruppe hinzuzufügen, markieren Sie die Gruppe mit der rechten Maustaste und führen den Befehl *Maschine hinzufügen* aus.

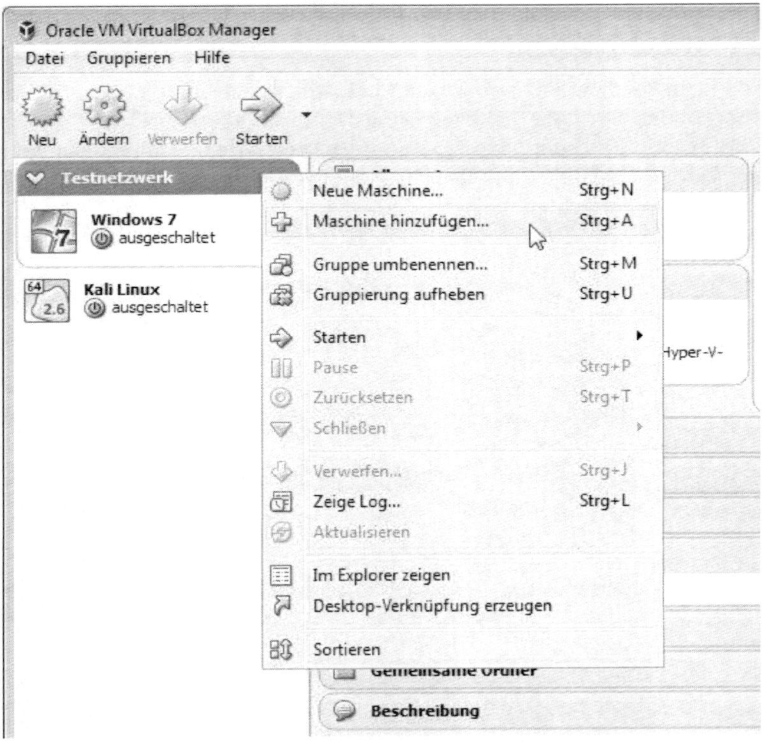

Die Gruppenfunktionen.

Es gibt einen anderen Weg: Sie können in der VM-Übersicht per Drag&Drop Gruppen erstellen und diesen weitere VMs zuweisen können. Mit Hilfe der rechten Maustaste können Sie in der VM-Liste außerdem Gruppen umbenennen und wieder aufheben.

Sie können mit VirtualBox auch sogenannte Schnappschüsse erstellen. Diese werden in der VirtualBox-Terminologie auch als Sicherungspunkte oder Momentaufnahme bezeichnet. Das Erstellen eines Schnappschusses ist beispielsweise dann sinnvoll, wenn Sie in der virtuellen Maschine etwas ausprobieren wollen. Ein Anwendungsbeispiel wäre ein Systemabsturz beim Einsatz einer bestimmten Software oder eines Treibers.

In einem solchen Szenario erzeugt man vor dem Ereignis einen Sicherungspunkt und kann jederzeit ohne Neuinstallation zu diesem Punkt zurückkehren. Dann sind Änderungen nach dem Sicherungspunkt einfach weg. Man kann Sicherungspunkte bei Produktivsystemen auch als Backup betrachten.

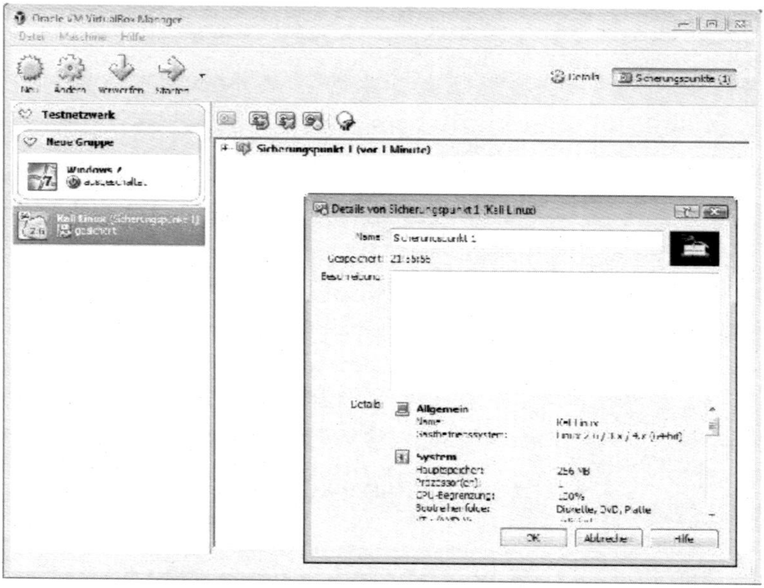

Die Einzelheiten zu einem Sicherungspunkt.

Bevor Sie einen Sicherungspunkt anlegen können, müssen Sie die virtuelle Maschine zunächst abschalten. Dann wechseln Sie im VirtualBox Manager von den Details zu Ansicht *Sicherungspunkt*. Auf dieser Registerkarte verwalten Sie die Sicherungspunkte. Sie können hier auch Punkte löschen und Details abrufen. Insbesondere die Funktionen *Details von Sicherungspunkt* bietet Ihnen die Möglichkeit, ergänzende Informationen zu einer VM und dem Sicherungspunkt zu hinterlegen. Sie sollten beachten, dass Sicherungspunkte sehr groß werden.

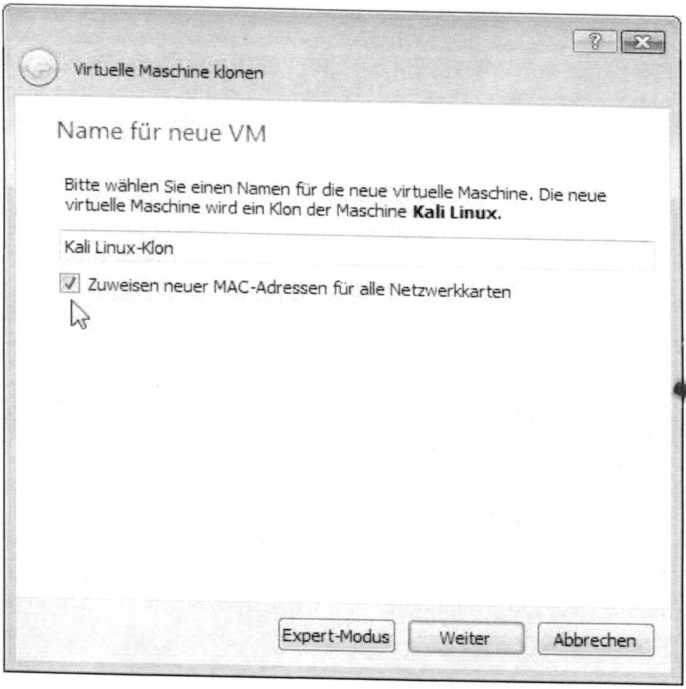

Das Erstellen eines Klons.

Eine weitere Besonderheit von VirtualBox ist das Klonen. Damit können Sie eine Eins-zu-Eins-Kopie einer bestehenden VM erstellen. Das ist beispielsweise sinnvoll, um eine Sicherung einer bestehenden Konfiguration zu erzeugen. Auf diesem Weg können Sie den aktuellen Installationszustand als Vorlage festhalten. Sollte die zu klonende virtuelle Maschine Sicherungspunkte besitzen, wird lediglich der älteste Sicherungspunkt als Klonvorlage verwendet. Gegebenenfalls müssen Sie vorhandene Sicherungspunkte zuvor zusammenfassen. Außerdem muss die zu klonende virtuelle Maschine ausgeschaltet werden.

Das Klonen an sich ist einfach: Markieren Sie die gewünschte VM mit der rechten Maustaste und führen Sie den Befehl *Klonen* aus. Weisen Sie der Kopie eine Bezeichnung zu. Wenn Sie den Klon nicht als Backup, sondern zum schnellen Erstellen einer identischen Installation verwenden wollen, aktivieren Sie das Kontrollkästchen *Zuweisen neuer MAC-Adresse für alle Netzwerkkarten*, denn Sie können nicht mehrere identische Adressen in einem Netzwerk verwenden.

Mit *Weiter* gelangen Sie zum nächsten Installationsschritt. Hier bestimmen Sie den Klontyp. Sie haben die Wahl zwischen dem vollständigen und dem verknüpften Klon. Ein vollständiger Klon ist exakt identisch mit der Ausgangs-VM einschließlich aller virtuellen Festplattendateien.

Bei einem verknüpften Klon ist das anders. Hier enthält der Klon lediglich einen Verweis auf die Ausgangs-VM. Es besteht also eine Abhängigkeit von Original und Klon. Wenn Ihnen wenig Speicherplatz zur Verfügung steht oder aber der Klon immer auch auf dem neuesten Stand des Originals sein soll, ist das die bevorzugte Klonvariante. Im dritten Schritt bestimmen Sie außerdem, was mit etwaigen Sicherungspunkten passieren soll. Es versteht sich von selbst, dass der verknüpfte deutlich kleiner als ein vollständiger Klon ist und auch wesentlich schneller erzeugt ist.

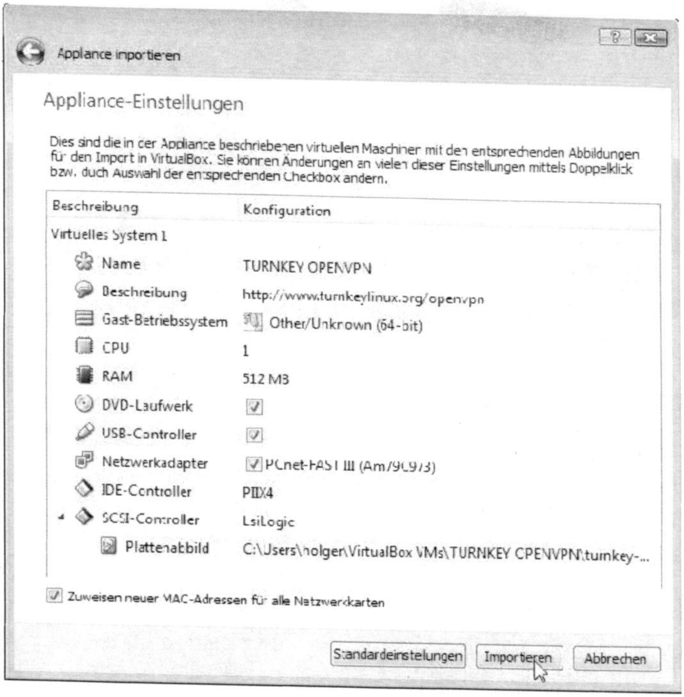

Der Import eines OVA-Images.

Virtualisierungstechniken und Tools wie VirtualBox eignen sich hervorragend, um mit vergleichsweise wenig Aufwand eine bestimmte Umgebung, ein Betriebssystem oder eine Unternehmensanwendung zu testen. Die Projekte und Entwickler stellen aus diesem Grund in Ihren Archiven vorgefertigte VM-Installationen zum Download bereit, die man nur herunterladen und dann in VirtualBox oder in eine vergleichbare Umgebung importieren müssen.

Eine tolle Fundgrube für bereits existierende VMs ist Turnkey Linux (*https://www.turnkeylinux.org*). Auf deren Projekt-Site finden Sie weit über 100 Server-Anwendungen, die Sie mit minimalem Aufwand in VirtualBox & Co. testen können.

VirtualBox erlaubt den Import und den Export von OVF-konformen (Open Virtualization Format) Images. Man spricht häufig auch von Virtual Appliances. OVF ist ein Industriestandard, der von den meisten Virtualisierungsprodukten unterstützt wird. Diese Images können Sie einfach aus dem VirtualBox Manager mit dem Menübefehl *Datei > Appliance importieren* in VirtualBox nutzen. Jede Appliance besitzt bereits vordefinierte Einstellungen, die Sie prüfen und gegebenenfalls bearbeiten können. Mit einem Klick auf *Importieren* führen Sie den Importvorgang aus und können anschließend mit der Umgebung arbeiten.

1.4 Neuerungen von VirtualBox 5.0

Virtualisierung ist längst kein Thema mehr, an das sich nur Spezialisten herantrauen, sondern dank komfortabler und offener Lösungen in vielen Unternehmen und Rechenzentren ein fester Bestandteil der IT-Infrastruktur. Mit VirtualBox steht Administratoren die vermutlich benutzerfreundlichste Umgebung zur Verfügung. Anfang Juli 2015 wurde VirtualBox 5.0 releast.

VirtualBox 5.0 präsentiert sich nach der Installation in der gewohnten Form: Mit Hilfe des VirtualBox Managers verwalten Sie Ihre Virtuellen Maschinen. Um in den Genuss der Neuerung zu gelangen, sollten Sie sich zunächst das VirtualBox Extension Pack von der Projekt-Website herunterladen und installieren. In diesem Paket ist der neue XHCI-Treiber enthalten, der USB-3.0-Geräte unterstützt. Damit lassen sich in VirtualBox auch USB-Festplatten als virtuelle Datenspeicher einbinden.

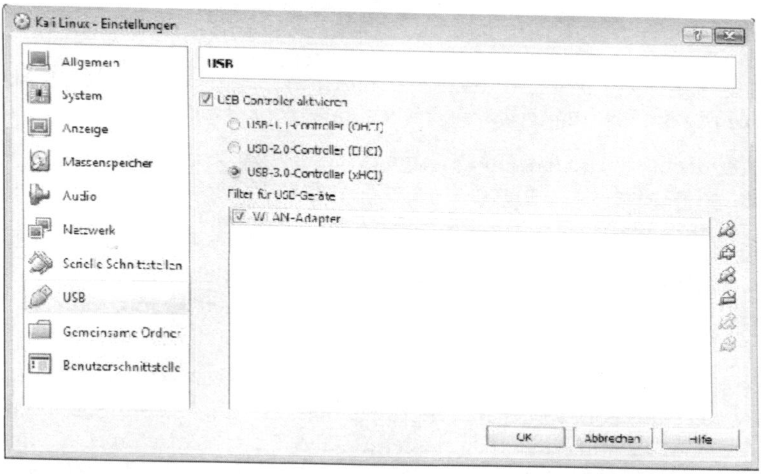

In den USB-Einstellungen einer ausgewählten VM aktivieren Sie die Unterstützung von USB 2.0 und 3.0.

Ab Version 4.0 haben die Entwickler verschiedene Komponenten aus dem Basissystem herausgenommen und in das Extension Pack (die Gasterweiterungen) verfrachtet, das gesondert heruntergeladen und installiert werden muss. Die USB-Unterstützung ist in diesem Paket implementiert, und zwar in zwei Treibern:

- USB 2.0 – EHCI-Treiber
- USB 3.0 – XHCI-Treiber

Neben den USB-Treibern ist auch die Unterstützung von VRDP (VirtualBox Remote Desktop Protocol), das den Remote-Zugriff erlaubt, die Verwendung der Host-Webcam im Gast-OS und die PXE-Boot-Funktion an das Erweiterungspaket gekoppelt. Eine weitere Neuerung von VirtualBox 5.0 ist in dem Extension Pack implementiert: Die Verschlüsselungsfunktion, mit der Sie Ihre virtuellen Festplatten schützen können.

Das VirtualBox Extension Paket besitzt die Dateierweiterung *VBOX-EXTPACK* und steht wie das Hauptprogramm über den Download-Bereich der VirtualBox-Website zum Download bereit. Um das Paket zu installieren, führen Sie es einfach mit einem Doppelklick aus.

Ob bereits ein Extension Package installiert ist, verrät Ihnen der VirtualBox Manager. Führen Sie den Menübefehl *Datei > Einstellungen > Zusatzpakete* aus. Der zugehörigen Übersicht können Sie die bereits verwendeten Erweiterungen entnehmen und gegebenenfalls nicht benötigte entfernen. Laut Angaben der Entwickler kann VirtualBox 5.0 auch virtuelle SATA-Festplatten im laufenden Betrieb ein- oder aushängen, Stichwort Hot-Plugging.

VirtualBox 5.0 hat weitere praktische Neuerungen erfahren, die die Arbeit mit der Virtualisierungsumgebung vereinfachen. Bereits in Version 4.2 war die experimentelle Drag & Drap-Unterstützung implementiert. Die ist in VirtualBox 5.0 nun zur Produktivitätsfähigkeit gereift. Sie erlaubt es Anwendern, Inhalte vom Host auf das Gastsystem zu übertragen – und umgekehrt. Damit das bidirektionale Kopieren klappt, müssen die neuesten Gast-Erweiterungen auf dem Gastsystem installiert werden.

Drag&Drop erlaubt das transparente Kopieren und Öffnen von Dateien, Verzeichnissen und mit Einschränkungen die Verwendung der Zwischenablage. Das Ziehen und Fallenlassen funktioniert momentan zwischen Windows und X-Window-basierten Betriebssystemen – und zwar sowohl auf Host- als auch auf Gastseite.

Das Ausgangssystem, von dem die Daten stammen, wird in der VirtualBox-Terminologie als Quelle bezeichnet, das System, auf dem die Daten landen sollen, entsprechend als Ziel. Um Daten von der Quelle auf das Ziel zu transferieren, stehen Ihnen verschiedene Möglichkeiten offen. Sie können die Elemente kopieren, verschieben und verlinken. Allerdings sind die beiden letzten Funktionen noch nicht implementiert.

Aus Sicherheitsgründen haben die VirtualBox-Entwickler einen Mechanismus eingebaut, in welchem Sie pro VM festlegen, in welcher Richtung Daten transferiert werden können. Die vier Modi sind über das VM-Menü über den Menübefehl *Geräte > Drag and Drop* verfügbar:

- **Deaktiviert**: Die Drag&Drop-Funktionalität ist deaktiviert. Das ist die Standardeinstellung bei neuen VMs.
- **Host zu Gast**: Vom Host können Daten auf das Gastsystem übertragen werden.
- **Gast zu Host**: Die umgekehrte Variante.
- **Bidirektional**: Der Austausch in beide Richtungen ist möglich.

In der aktuellen Version ist diese Funktionalität allerdings nur in Verbindung mit dem VirtualBox Manager gegeben. Auch die Verwendung der Zwischenablage kann über das Geräte-Menü jeder einzelnen VM in entsprechender Weise konfiguriert werden. VirtualBox bietet neben diesen beiden Anpassungen auch die Möglichkeit, die Menü- und Statusleiste an die individuellen Wünsche anzupassen. Nicht benötigte Menüs und Statussymbole können für jede einzelne VM konfiguriert werden. Eine ressourcenschonende Neuerung von VirtualBox 5.0 ist der sogenannte Headless-Modus. In diesem Modus können Sie einzelne VMs unabhängig voneinander ausführen und dann auch den VirtualBox Manager schließen, ohne dass die virtuellen Systeme irgendwelche Einschränkungen unterliegen.

Oracle hat neben vielen kleinen Verbesserungen insbesondere die USB-Funktionalität optimiert. Über die VM-Einstellungen können Sie die USB-Unterstützung individuell konfigurieren. Dazu stellt VirtualBox dem Gastbetriebssystem einen virtuellen USB-Controller zur Verfügung. Sobald auf Seiten des Gastes ein USB-Gerät angeschlossen wird, ist es für das Host-System nicht mehr verfügbar. Zusätzlich können Sie einem Gast-Betriebssystem den Zugriff auf ein lokales USB-Laufwerk erlauben. Der Gast kann sogar auf ein Remote-USB-Device zugreifen und nutzt dabei die VRDE (VirtualBox Remote Desktop Extension).

Im *Einstellungen*-Dialog legen Sie fest, ob die USB-Unterstützung überhaupt gefordert ist oder nicht. Nach dem Aktivieren und der Auswahl der USB-Version bestimmen Sie, welches Laufwerk automatisch für die VM verfügbar ist. Dazu legen Sie einen sogenannten Filter an, mit dem Sie die Laufwerkseinstellungen bestimmen. USB-Laufwerke, die einer Filterkonfiguration entsprechen, werden automatisch mit dem Gast-Betriebssystem verknüpft.

Laufwerke ohne eine entsprechende Filterkonfiguration können dennoch über das VM-Menü *Geräte > USB* manuell für die Virtuelle Maschine verfügbar gemacht werden. In den USB-Einstellungen legen Sie mit einem Klick auf das Pluszeichen einen neuen Filter an. Sie können den Filter nach Belieben bezeichnen und verschiedene Filterkriterien spezifizieren. Dazu klicken Sie doppelt auf einen Filtereintrag. Dort weisen Sie diesem neben einer aussagekräftigen Bezeichnung beispielsweise den Hersteller, die Produkt-ID und den Port zu. Mit dem Auswahlmenü *Fernzugriff* bestimmen Sie, ob auch der Remote-Zugriff zulässig ist.

Bei einem Windows-Host müssen Sie nach dem Anlegen des Filters das Laufwerk entfernen und dann erneut verbinden, damit es für den Gast verfügbar ist. Wenn Sie einen neuen Filter anlegen und die Hersteller-ID *046d* (für Logitech) und dem Hersteller den Wert 1 zuweisen sowie den Fernzugriff deaktivieren, so sind alle Logitech-Geräte mit dem Herstellerindex 1 automatisch in dem Gastsystem sichtbar. Außerdem können Sie gerätespezifische Filter anlegen und diese beispielsweise einer Webcam oder einem externen USB-Laufwerk zuweisen. Filter können außerdem einzeln aktiviert und deaktiviert werden.

Ab VirtualBox 5.0 ist auch die Aufzeichnung des USB-Traffics von USB-Geräten und -Hubs möglich. Die Aufzeichnung wird in Capture-Dateien in einem Wireshark-kompatiblen Format gespeichert und kann so einfach einer späteren Analyse zugeführt werden. Um den Datenverkehr aufzuzeichnen, muss das USB-Device mit folgendem VBoxManage-Kommando mit der VM verbunden werden:

```
VBoxManage controlvm "VM-Name" usbattach "device
uuid|address" --capturefile "dateiname"
```

VBoxManage ist die Konsolenschnittstelle von VirtualBox. Um die Aufzeichnung für einen Root-Hub zu aktivieren, führen Sie folgenden Befehl aus:

```
VBoxManage setextradata "VM-Name" VBoxInter-
nal/Devices/usb-ehci/LUN#0/Config/CaptureFilename
"dateiname"
```

In voranstehendem Beispiel wird der Root-Hub mit dem EHCI-Controller angesprochen. Um OHCI oder XHCI zu verwenden, ersetzen Sie *usb-ehci* mit *usb-ohci* bzw. *usb-xhci.*

Virtuelle Maschinen eignen sich hervorragend, um beispielsweise eine exportierte VM anderen Benutzern zur Verfügung zu stellen oder um von der eigenen Installation eine Sicherung zu erzeugen, die man dann auf einem Drittsystem wiederherstellt und dort verwendet. Immer dann, wenn es Daten zu schützen gilt, sollte man zu entsprechenden Schutzmechanismen greifen.

VirtualBox 5.0 verfügt nun auch über eine längst überfällige Schutzfunktion, mit der Sie die Daten eines Festplatten-Images transparent für den Gast verschlüsseln können. Dieser Schutz ist unabhängig vom verwendeten Image-Format. Eine Einschränkung gibt es allerdings: Mit VirtualBox 5.0 verschlüsselte Images sind nicht portabel und können daher nicht mit anderen Virtualisierungsumgebungen verwendet werden. VirtualBox greift für die Verschlüsselung zum AES-Algorithmus und unterstützt 128- und 256 Bit-Schlüssel (Data Encryption Keys, kurz DEK). Der DEK wird verschlüsselt in den Medieneigenschaften gespeichert und wird durch die Angabe des Passwortes durch den Anwender entschlüsselt. Da der Schlüssel in der VM-Konfigurationsdatei hinterlegt wird, muss er sorgsam aufbewahrt werden. Geht der DEK verloren, ist das Image nicht wiederherstellbar.

Bislang unterliegt die Verschlüsselungsfunktion allerdings einigen Einschränkungen. Zunächst muss das VirtualBox Extension Pack installiert werden, andernfalls ist eine Verschlüsselung nicht möglich. Für die verschlüsselten Images steht bislang kein Integritätscheck zur Verfügung, mit dem man sicherstellen könnte, dass ein Image nicht durch Hacker oder Programme manipuliert worden wäre. Leider ist auch kein Export möglich, da die OVF-Spezifikation (Open Virtualization Format) dies nicht unterstützt.

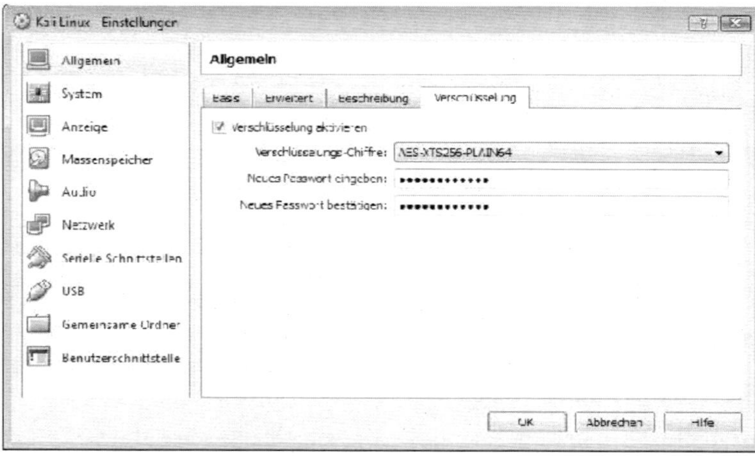

VirtualBox 5.0 stellt Ihnen zwei Verschlüsselungsvarianten für Ihre virtuellen Festplatten zur Verfügung.

Da der DEK so lange im Speicher verbleibt, wie die VM ausgeführt wird, sollte sichergestellt sein, dass kein potenzieller Angreifer Zugang zu dem ausführenden System hat und den Schlüssel extrahieren könnte. Ein weiterer Angriffspunkt: Beim Ver- bzw. Entschlüsseln eines Images, wird das Passwort im Klartext über die VirtualBox API übergeben. Greift man nun beispielsweise über einen Webservice auf die VM zu, sollte man die Verbindung per HTTPS absichern.

Die Verwendung der Verschlüsselung ist ansonsten einfach: Öffnen Sie die Eigenschaften der gewünschten VM. In den allgemeinen Eigenschaften finden Sie rechts die Registerkarte *Verschlüsselung*. Dort aktivieren Sie zunächst den Schutz und bestimmen dann die Verschlüsselungsvariante. Sie haben die Wahl zwischen den beiden folgenden Optionen:

- AES-XTS256-PLAIN64
- AES-XTS128-PLAIN64

Dann geben Sie das Passwort und seine Wiederholung an. Mit *OK* aktivieren Sie den Schutz. Alternativ können Sie die Verschlüsselung auch mit VBoxManage vornehmen. Dazu führen Sie auf der Konsole folgenden Befehl aus:

```
VBoxManage encryptmedium "uuid|datei" --
newpasswordid "datei|-" --cipher "cipher id" --
newpasswordid "id"
```

VBoxManage fragt das Passwort auf der Konsole ab. Mögliche Werte für den Cipher-Parameter sind *AES-XTS128-PLAIN64* oder *AES-XTS256-PLAIN64*. Beim Starten muss dann das Passwort angegeben werden. Um den Schutz zu deaktivieren, können Sie wieder zur GUI oder zu VBoxManage greifen. Wenn Sie den VirtualBox Manager verwenden, können Sie auf der Registerkarte *Verschlüsselung* den Schutz unter Angabe des zugewiesenen Passworts entfernen. Der entsprechende VBoxManage-Befehl lautet wie folgt:

```
VBoxManage encryptmedium "uuid|dateiname" --
oldpassword "file|-"
```

Damit steht Ihnen ein einfacher Sicherungsmechanismus zur Verfügung, mit dem Sie das Starten von VMs nur berechtigten Anwendern erlauben können. Apropos Sicherheit: VirtualBox 5.0 bringt auch einige 3D-Verbesserungen, allerdings gelten die prinzipiell als anfällig. Daher sollten entsprechende Gasterweiterungen nur mit Bedacht verwendet werden.

Zwei weitere Neuerungen von VirtualBox 5.0 verdienen noch der näheren Betrachtung: der neu hinzugefügte Heartbeat-Service für Gastsysteme und die Paravirtualisierung. Wenn Sie auf Seiten des Gastsystems mit dem Menübefehl *Geräte > Gasterweiterungen einlegen* die Zusatzfunktionen für den Gast aktiviert haben, sendet dieser kontinuierlich Heartbeat Ping-Nachrichten an den Host. Wird das Gastsystem nicht ordnungsgemäß beendet und gehen beim Host keine Lebenszeichen mehr ein, wird das entsprechend vom VM-Prozess in der Protokolldatei *VBox.log* vermerkt. Für die Zukunft sind auch Reaktionsmöglichkeiten denkbar, doch soweit sind die Entwickler bislang noch nicht. Da überwiegend Serverumgebungen in VMs ausgeführt werden, wäre das zweifelsohne ein deutlicher Gewinn.

In der aktuellen VirtualBox-Version sind nur zwei Parameter anpassbar: das Intervall und der Timeout-Wert. Das Heartbeat-Intervall bestimmt den Zeitabstand zwischen dem Versand zweier Ping-Nachrichten. Der Standardwert lautet 2 Sekunden. Der Wert wird in Nanosekunden konfiguriert:

```
VBoxManage controlvm "VM-Name" VBoxInter-
nal/Devices/VMMDev/0/Config/HeartbeatInterval
2000000000
```

Der Timeout-Wert bestimmt die Zeitspanne, die der Host auf Lebenszeichen wartet. Nach dem Ablauf wird das Gastsystem als nicht mehr erreichbar betrachtet. Der Standardwert ist doppelt so hoch wie das Intervall. Die Konfiguration nehmen Sie wie folgt vor:

```
VBoxManage controlvm "VM-Name" VBoxInter-
nal/Devices/VMMDev/0/Config/HeartbeatTimeout
4000000000
```

Nach dem Ablauf der Timeouts wird folgender Hinweis in der Protokolldatei geschrieben:

```
VMMDev: HeartBeatCheckTimer: Guest seems to be un-
responsive. Last heartbeat received 5 seconds ago.
```

Geht beim Host nach dem Eingang einer Warnung doch noch eine Heartbeat Ping ein, vermerkt VirtualBox das wie folgt:

```
VMMDev: GuestHeartBeat: Guest is alive.
```

Ein gehyptes neues Feature von VirtualBox 5.0 ist sicherlich die Paravirtualisierung. Sie soll helfen, die Ausführung von Software in Virtuellen Maschinen effizienter zu gestalten. Dazu stehen verschiedene Schnittstellen zur Verfügung, die der Optimierung der Kommunikation mit dem VirtualBox-Hypervisor dienen.

Da insbesondere Linux- und Windows-Betriebssysteme über entsprechende Unterstützung verfügen, müssen nicht einmal zusätzliche Software-Komponenten installiert werden. VirtualBox stellt drei Schnittstellen zur Verfügung, die beispielsweise TSC und APIC-Frequenzen an den Gast übermitteln – eine Funktion, die für die Ausführung von Mac OS X-Gästen wichtig ist. VirtualBox spielt außerdem mit KVM und dem Hyper-V Hypervisor zusammen. Durch den Zugriff auf Zeitgeber des Wirts soll eine bessere Performance der Gäste erzielt werden.

2 Virtuelle Maschinen konfigurieren

In dem einführenden Kapitel haben Sie einen ersten Eindruck von den Funktionen und den Möglichkeiten von VirtualBox erhalten. Sie wissen, wie Sie erste virtuelle Maschinen anlegen und welches die grundlegenden Aktionen sind. Doch VirtualBox kann noch deutlich mehr und stellt Ihnen umfangreiche Anpassungsmöglichkeiten der virtuellen Hardware bereit, auf der die jeweiligen Betriebssysteme dann ausgeführt werden.

Die virtuelle Hardware kann auch für die Kommunikation von Host und Gästen verwendet werden. Wenn Sie – wie es oft vorkommt – eine Boot-CD in das CD-ROM-Laufwerk des Host-Rechners einlegen, so kann der Gast von diesem Medium aus das gewünschte Betriebssystem installieren. Wenn Sie das Gastbetriebssystem alternativ von einem ISO-Image installieren, das sich auf einem Speichermedium das Hosts befindet, ist das prinzipiell ein vergleichbarer Sachverhalt. Entsprechend können der bzw. die Gäste Netzwerkverbindungen des Hosts nutzen, beispielsweise, um eine Internet-Verbindung herzustellen.

2.1 Gäste und emulierte Hardware

VirtualBox unterstützt die gängigsten Betriebssysteme und kann daher als Ausführungsplattform die verschiedensten Umgebungen simulieren – und das alles mit einem einzigen Rechner. Unabhängig davon ist Virtualbox insbesondere für das Zusammenspiel mit folgenden Plattformen bestens gerüstet:

- **Windows NT 4.0**: VirtualBox unterstützt alle Versionen und Service Packs. Die Entwickler empfehlen die Verwendung des Service Pack 6a. Gasterweiterungen sind nur eingeschränkt verfügbar.

- **Windows 2000 / XP / Server 2003 / Vista / Server 2008 / Windows 7 / Windows 8 / Server 2012**: VirtualBox unterstützt all diese Betriebssytemversionen, einschließlich der 64-Bit-Varianten. Die Gasterweiterungen sind verfügbar.
- **DOS / Windows 3.x / 95 / 98 / ME**: Mit diesen antiquierten Betriebssystemen wurden nur begrenzt aussagekräftige Tests durchgeführt. Gasterweiterungen sind nicht verfügbar.
- **Linux 2.4**: VirtualBox bietet nur eine begrenzte Unterstützung.
- **Linux 2.6**: Alle 32- und 64-Bit-Versionen werden unterstützt, auch Gasterweiterungen sind verfügbar. Die Entwickler empfehlen die Verwendung des Linux-Kernels ab Version 2.6.13 oder höher.
- **Linux 3.x**: Es werden alle 32- und 64-Bit-Systeme unterstützt. Auch Gasterweiterungen sind verfügbar.
- **Solaris 10 und 11**: VirtualBox bietet volle Unterstützung für 64-Bit-Systeme. Auch Gasterweiterungen sind verfügbar.
- **FreeBSD**: Bei diesem System müssen Sie die Hardware-Virtualisierung aktivieren. Allerdings wird das System nur begrenzt unterstützt. Gasterweiterungen sind nicht verfügbar.
- **OpenBSD**: Auch hier muss die Hardware-Virtualisierung aktiviert werden. Wird ab Version 3.7 oder höher unterstützt. Gasterweiterungen sind nicht verfügbar.
- **OS/2 Warp 4.5**: Bei IBMs Betriebssystem muss die Hardware-Virtualisierung aktiviert werden. Gasterweiterungen mit begrenztem Funktionsumfang.
- **Mac OS X**: Ab VirtualBox 3.2 wird Mac OS X als Gastsystem unterstützt, allerding mit gewissen Restriktionen.

Linux- und Windows-Betriebssystemen laufen in der Regel sehr reibungslos in einer VM. Bei Mac OS X ist zu beachten, dass es hier aufgrund von technischen und lizenzrechtlichen Fragen zu Einschränkungen bei der Ausführung des Betriebssystems kommen kann. So werden nur CPUs von Mac OS X unterstützt, die Apple bekannt sind. Der Mac OS X-Installer verlangt außerdem eine partitionierte Festplatte. Sie müssen diese daher zunächst entsprechend vorbereiten.

VirtualBox virtualisiert nahezu die gesamte Hardware des Hosts. Abhängig von der jeweiligen VM-Konfiguration stehen dem Gastbetriebssystem folgende Hardwarekomponenten zur Verfügung:

- **Eingabegeräte**: VirtualBox emuliert standardmäßig eine PS/2-Tastatur und -Maus. Diese Geräte werden von allen gängigen Betriebssystemen unterstützt. Zusätzlich kann VirtualBox auch USB-Geräte verwenden.
- **Grafik**: Das von VirtualBox verwendete Grafiksystem besitzt kein reales Hardware-Pendant. Es handelt sich vielmehr um ein synthetisches Device, das mit Standard-VGA-Systemen vergleichbar ist.
- **Speicher**: VirtualBox emuliert das Standard ATA-, das SATA-Interface und zwei SCSI-Adapter.
- **Netzwerk**: VirtualBox bietet umfangreiche Netzwerkunterstützung. Wir kommen in Kapitel 4 detailliert auf die verschiedenen Möglichkeiten zu sprechen.
- **USB**: VirtualBox emuliert die folgenden USB-Controller: xHCI, EHCI und OHCI, wobei xHCI die schnellste Variante ist.
- **Audio**: Schließlich erzeugt VirtualBox auch eine Audio-Komponente, die die Aufnahme und Wiedergabe erlaubt.

2.2 Allgemeine VM-Einstellungen

VirtualBox unterscheidet zwischen programmweiten Einstellungen und VM-spezifischen Einstellungen. Während Sie mit den Programmeinstellungen, die über das Menü *Datei > Einstellungen* verfügbar sind zugreifen, sind die VM-Einstellungen nach der Auswahl einer VM im VirtualBox Manager mit einem Klick auf *Ändern* abrufbar.

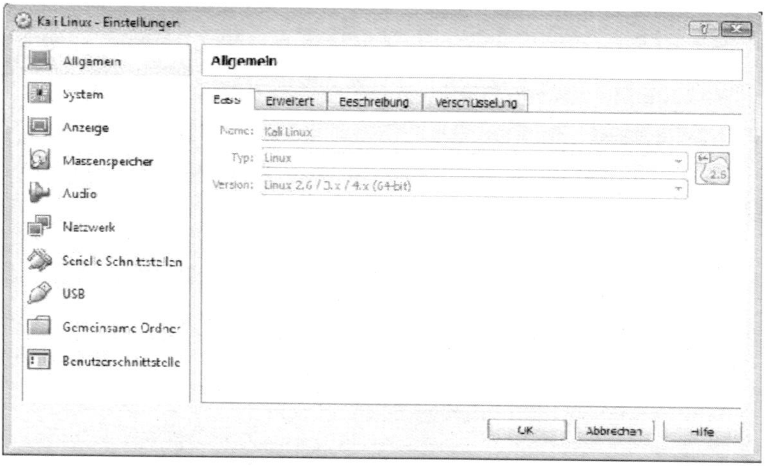

Die allgemeinen Einstellungen für eine virtuelle Maschine.

Wie Sie voranstehender Abbildung entnehmen können, erlaubt die VM-Einstellung die Bearbeitung verschiedenster Einstellungen. Diese sind in zehn Gruppen zusammengefasst, von der jede wiederum aus mehr oder minder vielen Registerkarten besteht.

In den allgemeinen VM-Einstellungen stehen Ihnen vier Registerkarten zur Verfügung: *Basis*, *Erweitert*, *Beschreibung* und *Verschlüsselung*. Auf der Registerkarte *Basis* finden Sie die Bezeichnung der VM, die Sie beim Anlegen vergeben haben. Unter Windows legt VirtualBox alle VMs in den Ordner *Virtual VMs*. Die Basisbezeichnung bestimmt auch die Bezeichnung des VM-Ordners und der VM-Datei. Sie können der Registerkarte *Basis* außerdem das Betriebssystem und die Betriebssystemversion entnehmen. All diese Einstellungen können Sie ändern, sofern Sie die VM nicht gesichert haben.

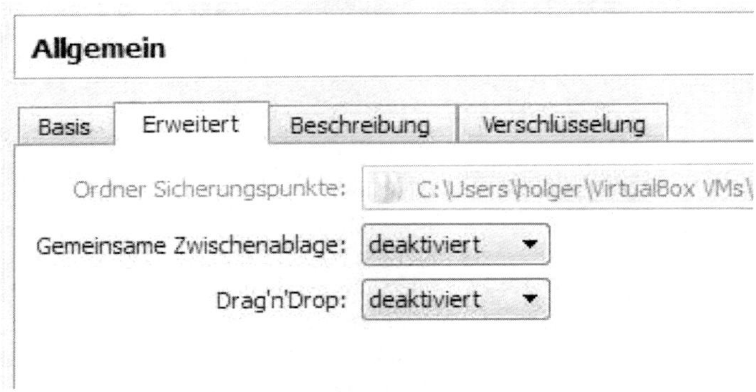

Die erweiterten allgemeinen VM-Einstellungen.

Der Registerkarte *Erweitert* können Sie zunächst dem Ordner der Sicherungspunkte entnehmen. Besonders praktisch sind die beiden folgenden Optionen, mit denen Sie die gemeinsame Zwischenablage und die Unterstützung von Drag&Drop aktivieren können. Beide Funktionen sind standardmäßig deaktiviert.

Damit Host und Gäste gemeinsam die Zwischenablage verwenden und Dateien per Drag&Drop zwischen diesen ausgetauscht werden kann, müssen Sie die Gasterweiterungen installieren. Praktisch ist das Aktivieren insbesondere dann, wenn eine typische Kooperation zwischen beiden Systemen geplant ist. Oft ist das allerdings nicht der Fall, denn dann dient der Host lediglich als Bereitstellungsplattform.

Die Funktion der Registerkarte *Beschreibung* ist schnell beschrieben: Hier steht Ihnen ein Eingabefeld zur Verfügung, in dem Sie wichtige Hinweise zu einer VM hinterlegen können.

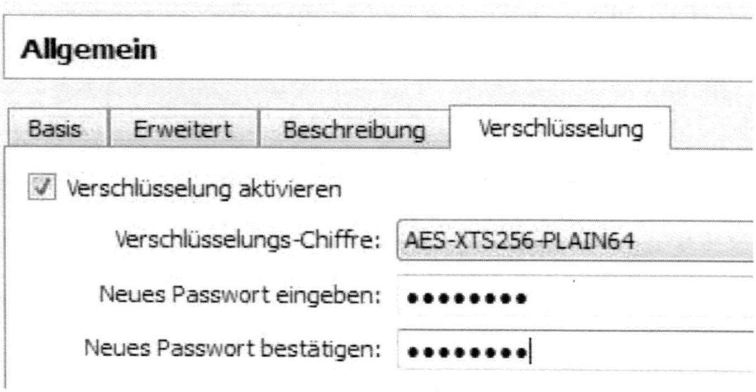

Sicher ist sicher: die Verschlüsselung einer VM.

Wir haben in Kapitel 1.4 bereits erwähnt, dass Sie mit VirtualBox 5.0 nun endlich auch virtuelle Maschinen verschlüsseln können. Dazu ist zunächst die Installation der Gasterweiterung erforderlich. Die Verschlüsselung bietet Ihnen zwei Möglichkeiten: Sie können zwischen 128- und 256-Bit-Verschlüsselungen wählen. Außerdem müssen Sie das Passwort angeben und die Eingabe bestätigen.

2.3 Systemeinstellungen

Als Nächstes können Sie die Systemeinstellungen der virtuellen Maschine bearbeiten. Das Untermenü *System* stellt Ihnen drei Registerkarten zur Verfügung: *Hauptplatine*, *Prozessor* und *Beschleunigung*. Auf der Registerkarte *Hauptplatine* stehen Ihnen die Einstellungen zur Verfügung, die Sie von einem typischen Rechner-BIOS kennen. Zunächst können Sie die RAM-Bestückung festlegen. Dazu steht Ihnen der bereits bekannte Schieberegler zur Verfügung, mit dem Sie die Größe des Hauptspeichers bearbeiten können.

Im Bereich *Boot-Reihenfolge* legen Sie die Reihenfolge fest, von der die virtuelle Maschine bootet. Standardmäßig sieht diese wie folgt aus:

- Diskette
- DVD
- Platte
- Netzwerk

Sie können die einzelnen Boot-Optionen deaktivieren sowie durch Markieren und Verschieben mit Hilfe der Hoch-Runter-Pfeile die Reihenfolge bearbeiten. Wenn Sie die Boot-Option *Netzwerk* verwenden, versucht VirtualBox, per PXE-Mechanismus zu starten.

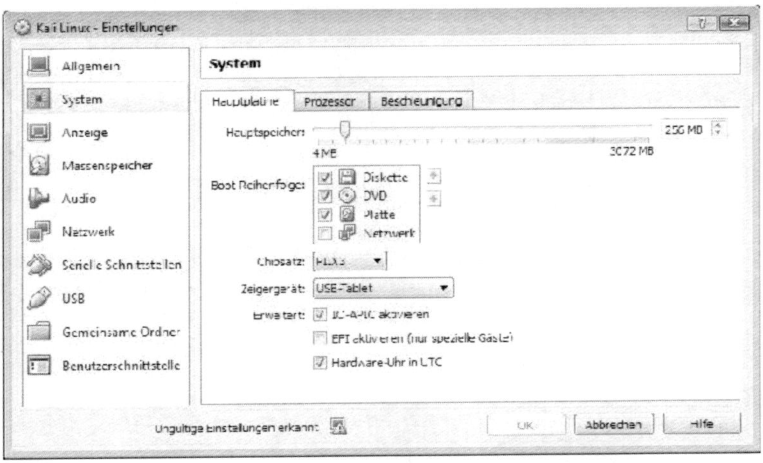

Die Systemeinstellungen.

Mit dem Auswahlmenü *Chipsatz* haben Sie die Wahl zwischen zwei Chipsatz-Simulationen: *PIIX3* und *ICH9*. In der Regel ist es sinnvoll, die Standardeinstellung PIIX3 beizubehalten, weil der Chipsatz ICH9 sich noch in einem experimentellen Stadium befindet. Allerdings hat ICH9 auch interessante Möglichkeiten zu bieten, denn dieser Chipsatz unterstütz bis zu 36 Netzwerkadapter, während PIIX3 lediglich 8 unterstützt.

Das nächste Auswahlmenü erlaubt Ihnen die Auswahl des Zeigergeräts. Gastbetriebssysteme verwenden standardmäßig eine traditionelle PS/2-Maus. Alternativ können Sie auch die Optionen *USB Tablet* und USB-Multitouch-Tablet verwenden. Beide sind für die Verwendung von padbasierten Lösungen gedacht, wobei Sie auch einen digitalen Stift für die Steuerung der VM verwenden können.

Im Abschnitt *Erweitert* können Sie drei weitere Anpassungen vornehmen:

- **I/O APIC aktivieren**: APIC steht für Advanced Programmable Interrupt Controllers. Dabei handelt es sich um ein recht neues Hardware-Feature, das es dem Betriebssystem erlaubt, mehr als 16 IRQs zu verwenden. Auf diesem Weg wird das sogenannte IRQ Sharing verhindert und somit die Zuverlässigkeit des Systems verbessert.
- **EFI aktivieren**: Das EFI (Extensible Firmware Interface) ersetzt das BIOS und erlaubt verschiedene erweiterte Verwendungszwecke.
- **Hardware-Uhr in UTC**: Wenn Sie dieses Kontrollkästchen aktivieren, verwendet das Gastbetriebssystem die UTC-Zeit anstelle der des Host-Betriebssystems.

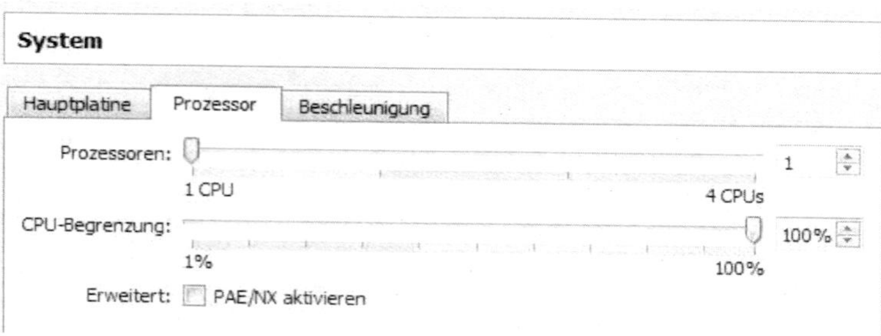

Die Prozessor-Einstellungen.

Auf der Registerkarte *Prozessor* können Sie die Anzahl der Prozessoren bestimmen, die für das Gastbetriebssystem zur Verfügung stehen. Wenn Sie mehr als einen Prozessor emulieren wollen, muss der Host Hardware-Virtualisierung unterstützen.

Mit dem Schieberegler *CPU-Begrenzung* können Sie die jeder virtuellen CPU zur Verfügung stehende Zeit einrichten. Danach darf jede virtuelle Maschine nicht länger als der Prozentsatz der verfügbaren Zeit auf einer physischen CPU ausgeführt werden. Mit dem Wert 100 Prozent heben Sie die Begrenzung auf. Beachten Sie, dass ein zu niedriger Wert sich negativ auf das Zeitverhalten der VM auswirken kann. Schließlich können Sie die PAE/NX-Unterstützung aktivieren. Diese sorgt dafür, dass auch ein 32-Bit-System mehr als 4 GB RAM verwenden kann. Diese Option funktioniert nur dann, wenn das Host-System diesen Modus ebenfalls unterstützt.

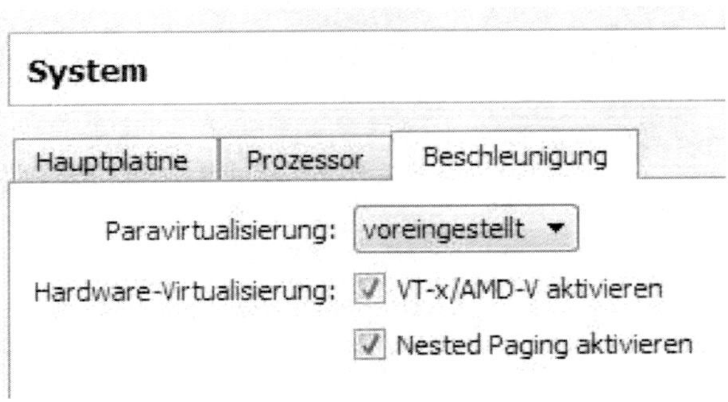

Die VM-Beschleunigung.

VirtualBox 5.0 ist die erste Version, die einen Schritt in Richtung Paravirtualisierung macht. Diese Technik hat das Ziel, die Umgebung schneller und zuverlässiger zu machen. Auf der Registerkarte *Beschleunigung* können Sie festlegen, welche Paravirtualisierungsvariante für die VM zum Einsatz kommt. VirtualBox stellt Ihnen folgende Optionen zur Auswahl:

- keine
- voreingestellt
- legacy
- minimal
- Hyper-V
- KVM

Die Entwickler empfehlen, die Standardeinstellung voreingestellt beizubehalten. Wenn die von Ihnen verwendete Hardware auch AMD-V und VT-x unterstützt, dann können Sie durch das Aktivieren der beiden Optionen für die Hardware-Virtualisierung die VM deutlich beschleunigen.

2.4 Konfiguration der Anzeige

Um eine optimale Darstellung der Inhalte in der virtuellen Maschine zu erzielen, können Sie auch die Display-Einstellungen einer VM optimieren. Die verfügbaren Anpassungsmöglichkeiten stehen über das Menü *Anzeige* mit den drei Registerkarten *Bildschirm*, *Fernsteuerung* und *Videoaufzeichnung* zur Verfügung.

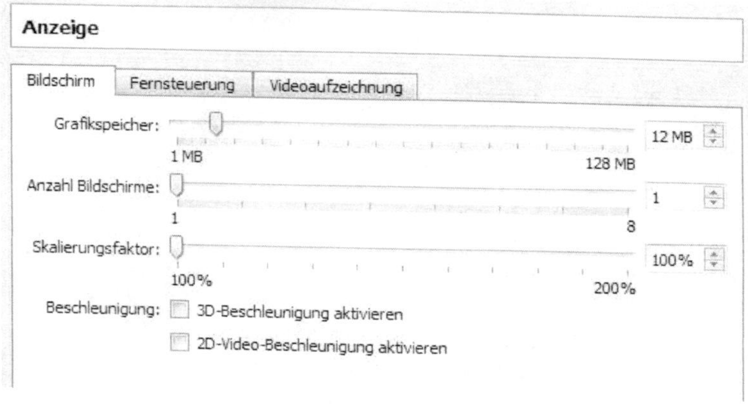

Die Einstellungen für die Anzeige.

Mit dem Schieberegler *Grafikspeicher* können Sie die Größe des Speichers in MB anpassen. Diese ist auf maximal 128 MB begrenzt. Je mehr Speicher Sie der emulierten Grafikkarte gönnen, umso höhere Auflösungen sind möglich. Wie Sie der Einstellung *Anzahl Bildschirme* entnehmen können, unterstützt VirtualBox die Verwendung von bis zu acht Monitoren. Auch die Bildschirmskalierung kann angepasst werden. Der Wertebereich liegt zwischen 100 und 200 Prozent. Wenn Sie die Gasterweiterungen installiert haben, können Sie für die virtuelle Maschine die 2D- und 3D-Beschleunigung aktivieren.

Auf der VirtualBox-Website finden Sie im Download-Bereich die VirtualBox Remote Display Extension, kurz VRDE. Wenn Sie diese auf dem Host-System installieren, können Sie den VRDE-Server aktivieren und dann aus der Ferne auf die VirtualBox-Konsole zugreifen. Für den Remote-Zugriff verwenden Sie einen RDP-Viewer wie *MSTSC.EXE* unter Windows oder rdesktop unter Linux. In den Server-Einstellungen können Sie insbesondere den Port und die Authentifizierungsmethode ändern.

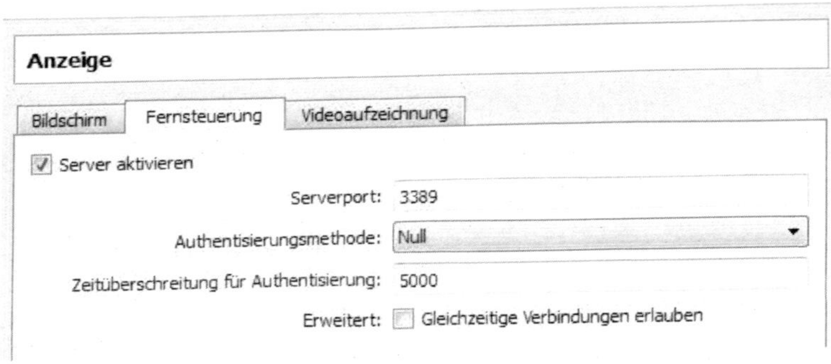

Die Konfiguration des Remote-Zugriffs auf die VirtualBox-Konsole.

Eine weitere Besonderheit der Anzeigekonfiguration ist die Videoaufzeichnung. Damit können Sie die Bildschirmaktivitäten aufzeichnen. Nach dem Aktivieren der Aufzeichnung können Sie den Pfad der Videodatei, die Bildgröße, die Bildrate und Qualität bestimmen. Wenn Sie mehrere Bildschirme verwenden, können Sie festlegen, welche Aktivitäten aufgezeichnet werden.

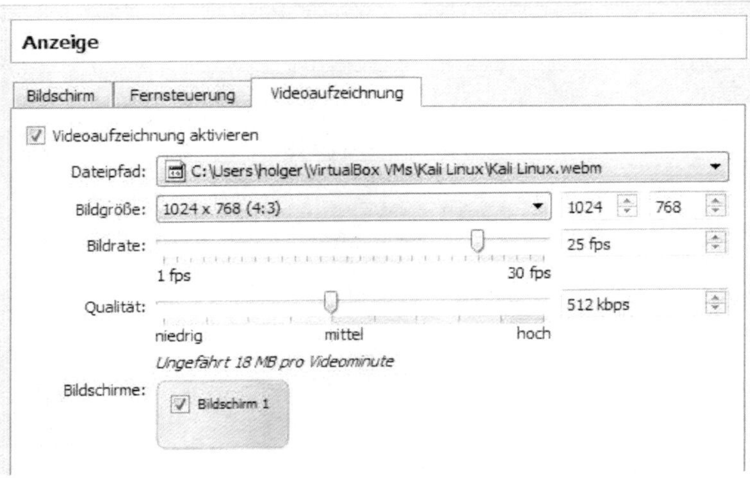

Die Video-Aufzeichnung.

Das Interessante an dieser Funktion: Sie kann während des laufenden Betriebs einer virtuellen Maschine ein- und ausgeschaltet werden. Die Aufzeichnung muss also nicht permanent eingeschaltet sein, sondern kann bei Bedarf aktiviert werden.

2.5 Speichereinstellungen

Damit Sie an Ihre virtuelle Maschine auch virtuelle Speichermedien hängen können, benötigen Sie eine Funktion, mit der Sie diese verwalten. Bereits beim Anlegen der VM haben Sie ein erstes Medium angelegt, auf das Sie das Betriebssystem installiert haben. Um nun aber auch mit weiteren Medien arbeiten zu können, müssen diese in einer VM-Konfiguration eingerichtet werden. Die dafür notwendigen Funktionen stellt Ihnen das Untermenü *Massenspeicher* zur Verfügung.

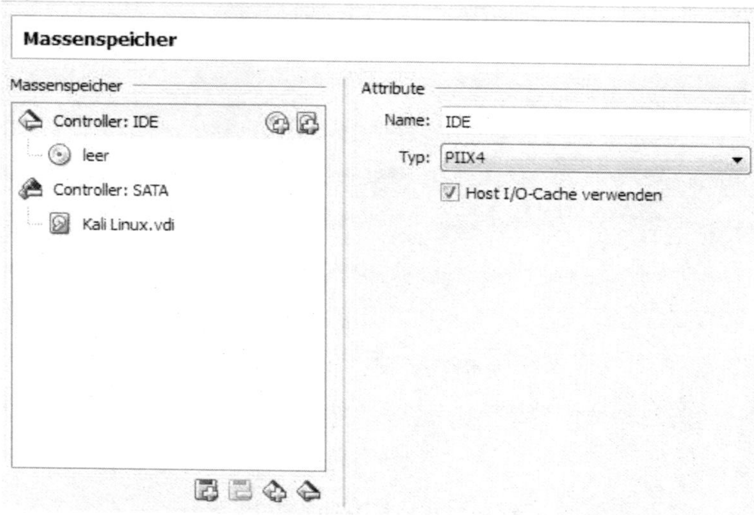

Die Verwaltung der Massenspeicher.

Wie Sie voranstehender Abbildung entnehmen können, sind in dieser Beispielkonfiguration ein IDE- und ein SATA-Controller eingerichtet. Der IDE-Controller sorgt für die Anbindung des DVD-Laufwerks, der SATA-Controller für die Festplattenanbindung. Sie können zu jedem Eintrag die Bezeichnung und den Typ ändern.

Unterhalb der bestehenden Massenspeicherkonfiguration finden Sie vier Miniaturschaltflächen, über die Sie die VM um weitere Controller und Massenspeicher erweitern können. Einträge können auch einfach entfernt werden.

Durch Markieren einer Speicherkonfiguration können Sie weitere Details und Konfigurationsmöglichkeiten abrufen. Wir kommen in Kapitel 3 noch einmal auf diese Möglichkeiten zu sprechen.

2.6 Audioeinstellungen

Wenn Sie in einer VM nicht nur arbeiten, sondern auch Musik hören oder andere multimediale Informationen nutzen wollen, so muss für das Gastsystem auch die Emulation einer Soundkarte aktiviert werden.

Standardmäßig ist die Audio-Unterstützung aktiviert und Sie können je nach Host-Betriebssystem den Audio-Treiber und den Controller auswählen. VirtualBox stellt die Emulation der Controller Intel HD Audio, AC97 und SoundBlaster 16 zur Auswahl. Wenn Sie VirtualBox unter Linux einsetzen, haben Sie die Wahl zwischen den Controllern OSS, ALSA und PulseAudio. Bei neueren Linux-Betriebssystemen sollten Sie PulseAudio verwenden.

Die Auswahl des zu emulierenden Audio-Controllers.

2.7 Netzwerkkonfiguration

In der Netzwerkkonfiguration einer virtuellen Maschine bestimmen Sie, wie sich die virtuellen Netzwerkadapter für das eingesetzte System darstellen und wie diese arbeiten. Wenn Sie eine neue VM anlegen, generiert VirtualBox standardmäßig einen Netzwerkadapter und weist diesem den NAT-Modus zu. In dieser Konfiguration kann das Gastsystem auf das Netzwerk zugreifen. Diese Standardkonfiguration dürfte laut Angaben der Entwickler für über 90 Prozent aller VirtualBox-Anwender die ideale Netzwerkkonfiguration sein.

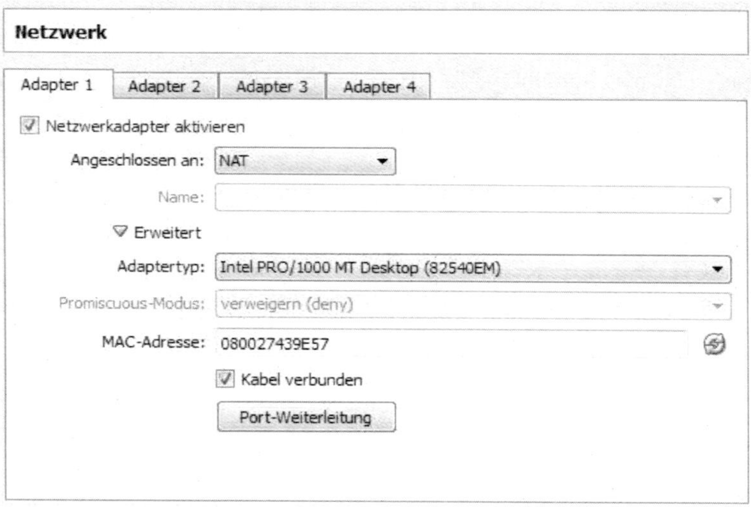

Die umfangreiche Netzwerkkonfiguration.

Dennoch können Sie für jede virtuelle Maschine auch individuelle Netzwerkeinstellungen vornehmen und beispielsweise ein virtuelles Netzwerk realisieren. Wenn Sie auf voranstehende Abbildung einen zweiten Blick werfen, stellen Sie fest, dass dort bereits vier Netzwerkadapter vorgesehen sind. Sollte das nicht genügen: Kein Problem, denn Sie können weitere anlegen. Aufgrund der Komplexität und des Umfangs dieser Möglichkeiten, ist der Netzwerkkonfiguration ein eigenes Kapitel gewidmet.

2.8 Serielle Schnittstellen

VirtualBox erlaubt Ihnen auch die komfortable Konfiguration zweier serieller Schnittstellen – sofern sie denn überhaupt benötigt werden. Früher hingen Modems, externe (A)DSL-Geräte und manche Computer-Maus an einer solchen Schnittstelle.

Auch wenn die meisten externen Geräte heute per USB verbunden werden, haben auch serielle Schnittstellen immer noch ihre Berechtigung. Sie können über ein Nullmodemkabel beispielsweise ein primitives Netzwerk anlegen oder Fehlerdiagnosen betreiben.

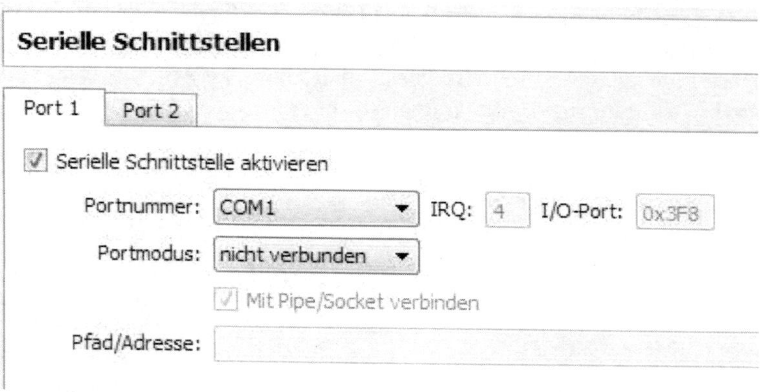

Die Konfiguration der seriellen Schnittstelle.

Um eine serielle Schnittstelle einzurichten, müssen Sie diese zunächst aktivieren. Dann weisen Sie dieser eine Portnummer und einen Modus zu. Wenn Sie eine Verbindung zu einer Software-Pipe herstellen wollen, verwenden Sie die Option *Host-Pipe*. Sie können die Ausgabe des virtuellen Ports aber auch in eine Datei senden. Dann verwenden Sie die Option *Datei*. Diese Vorgehensweise ist beispielsweise dann sinnvoll, wenn Sie die Ausgabe für Diagnosezwecke verwenden wollen. Schließlich kann das Gast-Betriebssystem über eine TCP-Socket-Verbindung auch als Server oder Client mit einem Dienst agieren. Ein

Remote-Client kann dann beispielsweise eine Verbindung zu dem Betriebssystem über die serielle Schnittstelle herstellen.

2.9 USB-Anschlüsse

Mit dem Untermenü *USB* konfigurieren Sie die Nutzungs- und Zugriffsmöglichkeiten auf USB-Geräte und Anschlüsse, die der Host dem Gast zur Verfügung stellen kann. Dazu stellt VirtualBox dem Gastbetriebssystem einen virtuellen USB-Controller zur Verfügung. Sowie der Gast diesen nutzt, ist er für das Host-System nicht mehr nutzbar. Aus genau diesem Grund müssen Sie bei der Verwendung von aktuell genutzten USB-Anschlüssen vorsichtig sein. Wenn Sie beispielsweise dem Gast den Zugriff auf eine angeschlossene USB-Festplatte erlauben, so wird diese ohne eine saubere Trennung von dem Host entfernt. Dabei können im ungünstigsten Fall Daten verloren gehen.

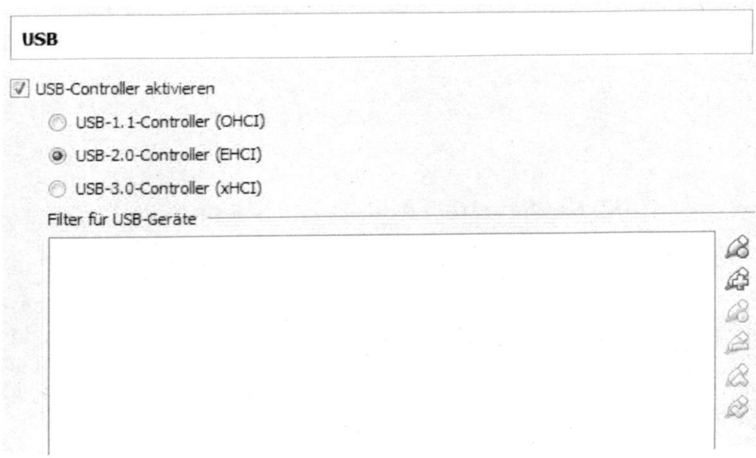

Die Konfiguration der USB-Anschlüsse.

Der USB-Controller ist standardmäßig bei einer neu angelegten VM aktiviert. VirtualBox liest die bereits existierenden Anschlüsse und verbundenen USB-Geräte ein und kann diese einfach dem Gast zur Verfügung stellen. Wenn Sie die Gasterweiterungen installiert haben, können Sie USB 1.0-, 2.0- und 3.0-Geräte für den Gast zur Verfügung stellen – immer vorausgesetzt, der Host unterstützt alle drei Varianten.

Beim Anlegen einer USB-Konfiguration haben Sie zwei Möglichkeiten: Sie können einen sogenannten USB-Filter mit leeren Werten und mit Werten von bereits angeschlossenen Geräten füllen. Hinter diesen Werten verbergen sich die Hersteller-ID, die Produkt-ID, die Revisionsinfo, die Seriennummer und der Zustand.

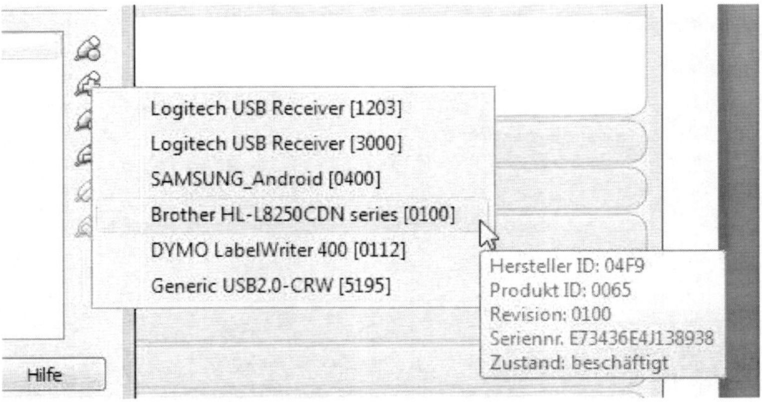

Die Verwendung eines bereits belegten USB-Filters.

So können Sie die Daten einer Host-Konfiguration einfach übernehmen. Sie können aber auch einen leeren USB-Eintrag anlegen und diesen mit den notwendigen Daten füllen. Das Besondere an dieser Konfiguration: Sie können für jedes USB-Device den Remote-Zugriff aktivieren und dann auch per VRDP auf das Gerät zugreifen.

2.10 Gemeinsame Ordner

Die Funktion *Gemeinsame Ordner* erlaubt Ihnen das Anlegen einer Ablage, auf die Host und Gast zugreifen können. Die Verwendung dieser Funktion ist einfach: Sie klicken auf das Pluszeichen und wählen im Dialog *Ordner hinzufügen* den Pfad aus. Weisen Sie außerdem dem gemeinsamen Ordner eine Bezeichnung zu.

Sie können durch Aktivieren der Option *Nur lesbar* dafür sorgen, dass keine Schreibvorgänge in den Ordner möglich sind. Soll die Freigabe bei jedem Start des Gastsystems verfügbar sein, aktivieren Sie das Kontrollkästchen *Automatisch einbinden*.

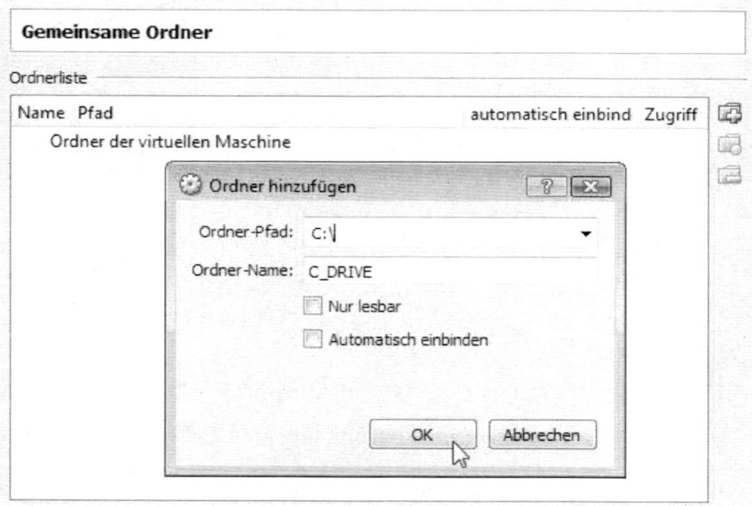

Das Anlegen eines gemeinsamen Ordners.

2.11 Anpassung der Benutzerschnittstelle

Ein letztes Untermenü steht Ihnen für die Anpassung jeder VM zur Verfügung: Sie können mit *Benutzerschnittstelle* festlegen, welche Menüs inklusive Menüeinträge und welche Zugriffsmöglichkeiten über die Fußzeile verfügbar sind.

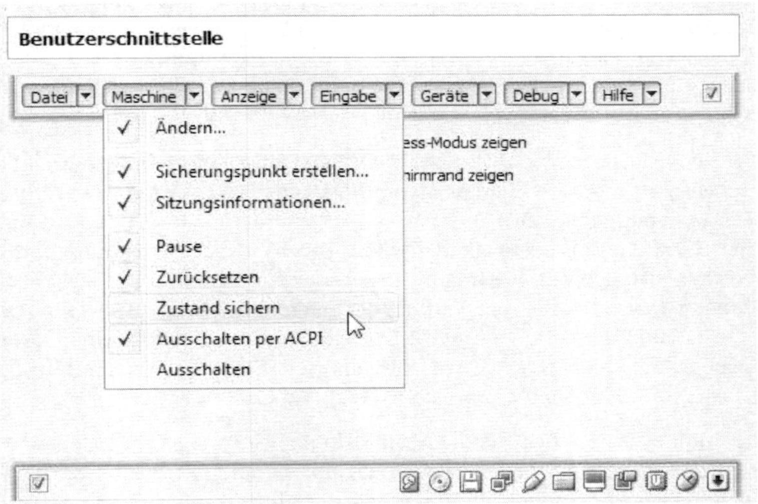

Die Anpassung der VM-Benutzerschnittstelle.

Damit kennen Sie die wichtigsten VM-spezifischen Anpassungsmöglichkeiten, die Ihnen VirtualBox bietet. Wir kommen im weiteren Verlauf dieses Buchs noch einmal auf verschiedene Bereiche detailliert zu sprechen, insbesondere auf die Speicher- und Netzwerkfunktionen.

2.12 Gasterweiterungen

VirtualBox kann in einer virtuellen Maschine die unterschiedlichsten Betriebssysteme ausführen. Die am häufigsten eingesetzten Systeme sind zweifelsohne Linux und Windows. Doch auch Linux ist längst nicht Linux und Windows ist auch nicht Windows, denn es gibt zu viele verschiedene Varianten.

Um die Integration und das Zusammenspiel von Host- und Gastsystemen zu optimieren, stellt Ihnen VirtualBox die bereits erwähnten Gasterweiterungen zur Verfügung. Sie dienen der optimierten Ausführung von Gästen in der Host-Umgebung und sorgen insbesondere für eine optimierte Performance.

Diese Erweiterungen werden innerhalb einer virtuellen Maschine ausgeführt. Sie bestehen aus einem Satz spezifischer Treiber und Systemanwendungen, die für die bessere Performance und Usabiliy sorgen. Die Gasterweiterungen stellen Ihnen verschiedene praktische Verbesserungen zur Verfügung. Nach der Installation der Gastweiterungen gibt es keine Mausprobleme mehr, dass der Mauszeiger von VirtualBox „eingefangen" wird und nur über eine Klickkombination wieder freigegeben wird. Sie können sich nach der Installation der Gasterweiterung nahtlos zwischen Host und Gast bewegen.

In Kapitel 2.10 haben Sie die Möglichkeit zum Anlegen eines gemeinsamen Ordners kennengelernt. Auch diese Funktion wird erst durch die Gasterweiterungen möglich. Das Anlegen einer gemeinsamen Ablage ist einfach. Die Gasterweiterungen sorgen auch für eine optimierte Grafikunterstützung. Diese erlauben beispielsweise die Anpassung der Fenstergröße. Außerdem wird die Videoauflösung automatisch gesetzt. Die Gasterweiterung ermöglicht außerdem die 2D- und 3D-Beschleunigung.

Eine weitere Besonderheit der Gasterweiterungen: Einzelne Fenster innerhalb einer VM können so auf dem Host-Betriebssystem ausgeführt werden, als würde die betreffende Anwendung tatsächlich auf dem Host ausgeführt werden. Auf diese nahtlose Integration kommen wir weiter unten in diesem Kapitel noch zu sprechen.

Die Gasterweiterungen sorgen außerdem für einen automatischen Zeitabgleich, der im Hintergrund – völlig unbemerkt von den Anwendern – dafür sorgt, dass Host und Gast die identische Zeitkonfiguration verwenden. Wie wir in Kapitel 2.3 gesehen haben, können Sie dem Gast allerdings auch die Verwendung der UTC zuweisen.

Zwei weitere Besonderheiten haben die Gasterweiterungen noch zu bieten: Sie können die Zwischenablage gemeinsam zwischen Host und Gast verwenden. Auch diese Möglichkeit hatte ich bereits oben erwähnt. Die Erweiterungen erlauben außerdem das automatische Einloggen.

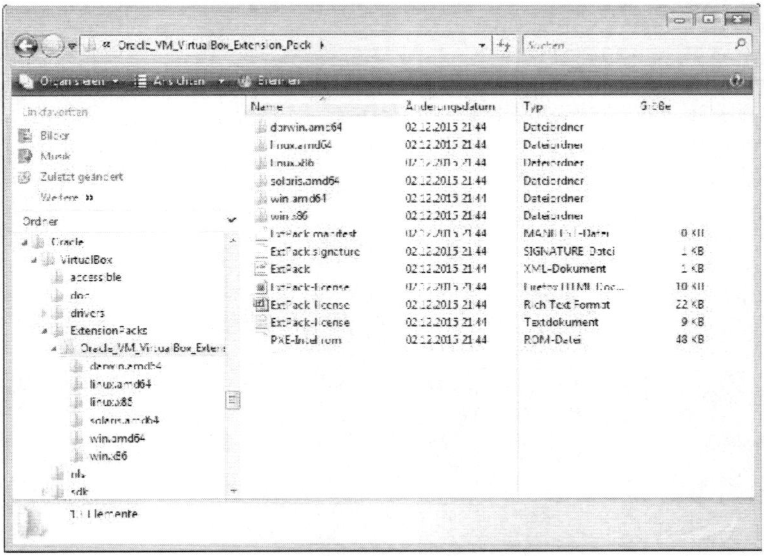

Das Verzeichnis mit den Gasterweiterungen.

2.12.1 Gasterweiterungen installieren

Nun stellt sich natürlich unmittelbar die Frage, wie Sie in den Genuss der Gasterweiterungen kommen? Auch das ist einfach, denn in jeder VirtualBox-Installation sind auch die Erweiterungen enthalten und können einfach installiert werden. Bei einer Windows-Installation finden Sie die Gasterweiterungen in folgendem Ordner:

```
C:\Programme\Oracle\VirtualBox\ExtensionPacks\Oracle
_VM_VirtualBox_Extension_Pack
```

In diesem Ordner finden Sie verschiedene Unterordner, in denen die Erweiterungen für die verschiedenen Gastbetriebssysteme enthalten sind. Unter Linux finden Sie die Erweiterungen meist im Ordner */opt/VirtualBox/*. Alternativ dazu können Sie auch ein ISO-Image mit den Gasterweiterungen von der VirtualBox-Website herunterladen. Die Bezeichnung der diesem Buch zugrundeliegenden Programmversion 5.0.10 lautet *VBoxGuestAdditions_5.0.10.iso* und ist unter folgender URL zu finden:

```
http://download.virtualbox.org/virtualbox/5.0.10/
```

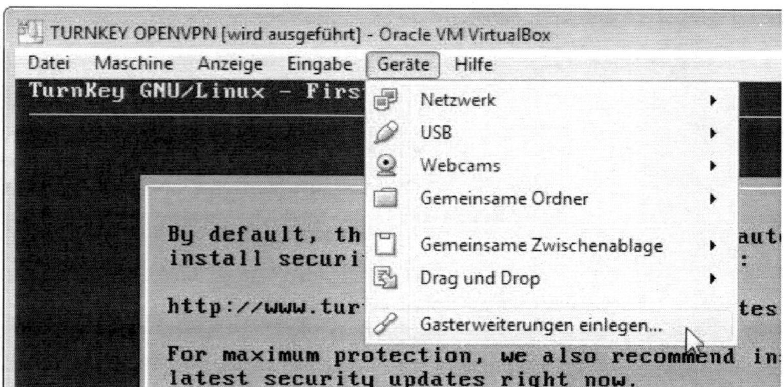

Die Installation der Gasterweiterungen.

Die eigentliche Installation der Gasterweiterung ist einfach durchzuführen: Führen Sie in dem gestarteten Gastbetriebssystem den Befehl *Geräte > Gasterweiterungen einlegen* aus. Alternativ können Sie auch den Umweg über die Konsole gehen. Doch das erschwert die Installation nur unnötig. Schauen wir uns als Nächstes an, welche Besonderheiten sich durch den Einsatz dieser Erweiterungen ergeben.

2.12.2 Gemeinsame Ordner

Nach der Installation der Gasterweiterungen steht Ihnen die Funktion *Gemeinsame Ordner* zur Verfügung. Diese Funktion erlaubt Ihnen die Freigabe eines Ordners für das Gastsystem, der auf dem Host-System existiert. Das Prinzip ist ein ähnliches, wie Sie es von Windows-Netzwerkfreigaben kennen. Das Anlegen von gemeinsamen Ordnern wird von Linux, Solaris und Windows (ab Windows 2000) unterstützt.

Der physikalische Speicherort befindet sich dabei auf dem Host und kann dann von beiden Systemen genutzt werden. Unter Windows wird diese Funktion durch einen Pseudo-Netzwerkumleiter, unter Linux durch ein virtuelles Dateisystem realisiert. Beide sind in den Gasterweiterungen implementiert.

Um einen existierenden Ordner des Hosts für das Gastbetriebssystem freizugeben, öffnen Sie die VM-Einstellungen und dort das Menü *Gemeinsame Ordner*. Alternativ führen Sie in der VM-Statusleiste einen Rechtsklick auf das entsprechende Symbol aus und öffnen die Ordnerverwaltung. Mit *Ordner hinzufügen* legen Sie die Freigabe an.

VirtualBox unterstützt zwei Share-Typen. Sie können eine Freigabe für eine VM anlegen. Diese ist immer dann verfügbar, wenn Sie das virtuelle System starten. Außerdem kennt VirtualBox flüchtige Freigaben, die zur Laufzeit angelegt und wieder entfernt werden können. Die flüchtige Variante kann nur auf der Konsole mit VBoxManage in Verbindung mit der Option *--transient* erzeugt werden.

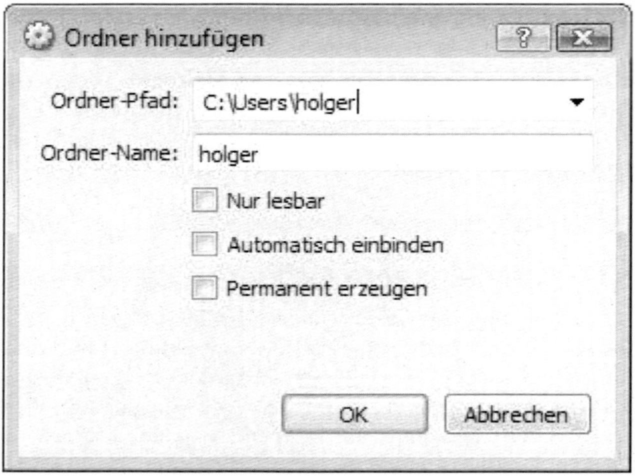

Das Hinzufügen eines neuen Ordners.

VirtualBox weist den Freigaben standardmäßig Lese- und Schreibrechte zu. Durch das Aktivieren des Kontrollkästchens *Nur lesbar* schränken Sie dieses Recht deutlich ein. Wenn Sie Linux als Gastbetriebssystem verwenden, können Sie auch einen symbolischen Link verwenden.

Sie können eine Freigabe auch manuell mounten. Auch das automatische Starten und das Einbinden ist möglich, in dem Sie die zugehörige Option aktivieren.

2.12.3 Drag&Drop-Unterstützung

Seit der Einführung von VirtualBox 5.0 können Sie nach der Installation der Gasterweiterung Daten per Drag&Drop zwischen dem Host und dem Gast austauschen. Sie können Dateien von einem System auf das andere verschieben – und umgekehrt. Auch das Öffnen von Dateien und Verzeichnissen ist möglich. Bislang unterliegt die Drag&Drop-

Unterstützung allerdings einer Einschränkung: Ein Datenaustausch ist nur zwischen Windows- und X Window-Systemen möglich.

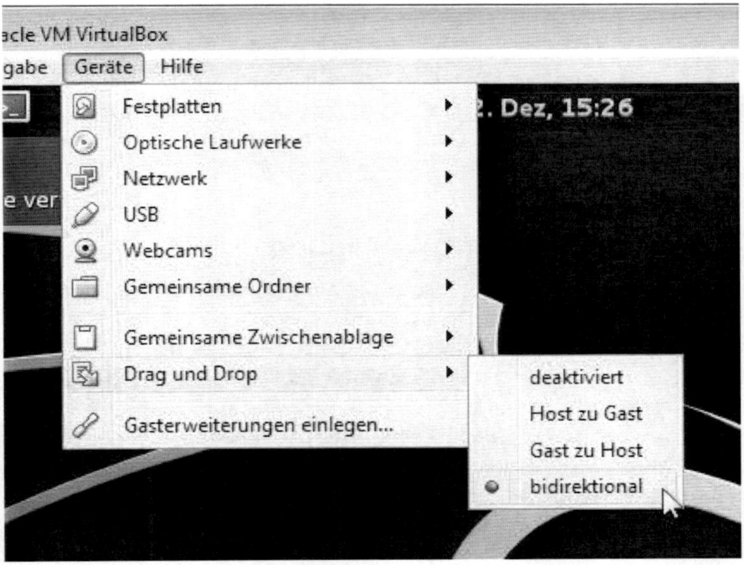

Die Drag&Drop-Konfiguration.

Man bezeichnet den Ursprung einer Datei als Quelle, den Zielrechner entsprechend als Ziel. Aus Sicherheitsgründen ist eine Konfiguration der Drag&Drop-Unterstützung zur Laufzeit möglich. Dazu führen Sie in der VM den Befehl *Geräte > Drag und Drop* aus. In dem zugehörigen Untermenü können Sie dann eine von vier Modi auswählen:

- **Deaktiviert**: Standardmäßig ist die Drag&Drop-Unterstützung mit diesem Modus deaktiviert. Allen neuen VMs wird dieser Modus zugewiesen.
- **Host zu Gast**: Diese Option erlaubt die Übertragung von Daten vom Host auf den Gast.

- **Gast zu Host**: Wenn Sie diese Option aktivieren, können Sie lediglich Daten vom Gast zum Host übertragen.
- **Bidirektional**: Dies ist der flexibelste Modus, der den Datentransfer von Host zu Gast und umgekehrt erlaubt.

Die Drag&Drop-Unterstützung ist auf bestimmte Frontends beschränkt. Es gibt auch Einschränkungen bzgl. der Formate, die der Drag&Drop zwischen Host und Gast ausgetauscht werden können.

2.12.4 Grafikbeschleunigung

Die Gasterweiterungen umfassen auch experimentelle Hardware 3D-Unterstützung für Linux, Solaris und Windows. Verwendet eine Anwendung in einer virtuellen Maschine 3D-Funktionen per OpenGL oder Direct3D, so versucht VirtualBox die vorhandene 3D-Hardware des Hosts zu verwenden. Bei neueren Linux- und Windows-Betriebssystemen ist eine entsprechende Unterstützung gegeben. In den Anzeigeeinstellungen müssen Sie außerdem die Beschleunigung aktivieren.

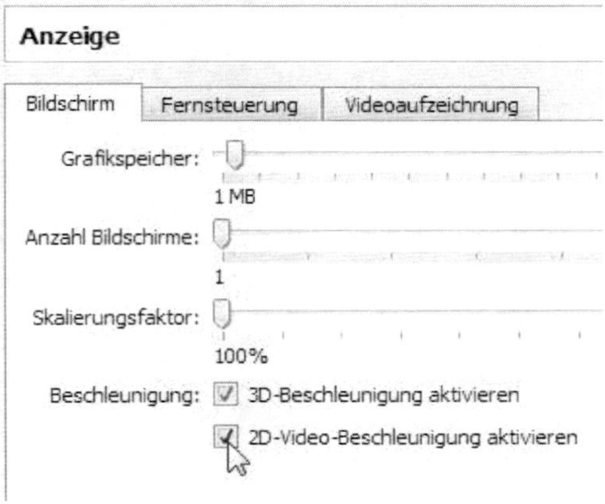

Das Aktivieren der 2D- und 3D-Beschleunigung.

2.12.5 Nahtlose Fenster

Die Gasterweiterungen bieten eine weitere Besonderheit: den nahtlosen Modus. Wenn Sie diesen Modus aktivieren, werden Fenster, die im Gast ausgeführt werden, nahtlos auf dem Host-Desktop platziert. Das funktioniert allerdings bislang nur mit Windows- und Linux-Gästen, bei denen X Window zum Einsatz kommt.

In diesem Modus ist dann kaum mehr ein Unterschied zwischen virtualisierter Anwendung und dem Host zu erkennen. Um den nahtlosen Modus aktivieren, bestätigen Sie die Host-Taste (meist die rechts Strg-Taste) in Verbindung mit dem Buchstaben *L*. Um in den „normalen" Modus zurück zu wechseln, betätigen Sie die Kombination erneut.

3 Virtueller Speicher

Wenn Sie eine virtuelle Maschine in VirtualBox anlegen, dann erwarten Sie, dass für dieses System auch entsprechender Speicher zur Verfügung steht. Der muss natürlich auch durch die reale Umgebung des Hosts bereitgestellt werden. Dazu verwendet VirtualBox verschiedene Methoden. Üblicherweise erzeugen Sie auf der Festplatte des Host-Betriebssystems eine Image-Datei, die dem Gast als virtuelle Festplatte dient. Die Größe bestimmen Sie bei der Einrichtung. Alternativ können Sie auch einen iSCSI-Server in eine VM integrieren. Und schließlich gibt es noch eine dritte Möglichkeit: Sie können unmittelbar auf eine Festplatte des Hosts zugreifen. Auf diese drei Möglichkeiten kommen wir in diesem Kapitel zu sprechen.

In realen PCs sind Festplatten und DVD-Laufwerke über einen Festplatten-Controller mit dem System verknüpft und erlauben so den Datenaustausch. VirtualBox kann die fünf gängigsten Controller-Typen emulieren: IDE, SATA, SCSI, SAS und USB-basierte Speicher. Dabei kann die Virtualisierungsumgebung für verschiedene Typen unterschiedlich viele virtuelle Steckplätze bereitstellen:

- IDE – 4
- SATA – 30
- SCSI – 15
- SAS – 8
- USB – 5

Natürlich können Sie diese Speichermedien miteinander kombinieren. Dazu stehen Ihnen insbesondere die Funktionen der VM-Einstellungen *Massenspeicher* zur Verfügung.

3.1 Image-Dateien

Beim Anlegen einer neuen virtuellen Maschine bestimmen Sie nicht nur die Größe der virtuellen Festplatte, sondern auch das Format. Die dabei angelegte Image-Datei erscheint für den virtuellen Host wie ein reales Speichermedium. Wenn das Gast-Betriebssystem auf diese virtuelle Festplatte schreibt oder von ihr liest, leitet VirtualBox diese Vorgänge auf die Image-Datei um.

Wie jede physikalische Festplatte besitzt auch jedes virtuelles Speichermedium eine Größe. Allerdings kann VirtualBox diese Größe je nach Bedarf nach oben oder unten anpassen.

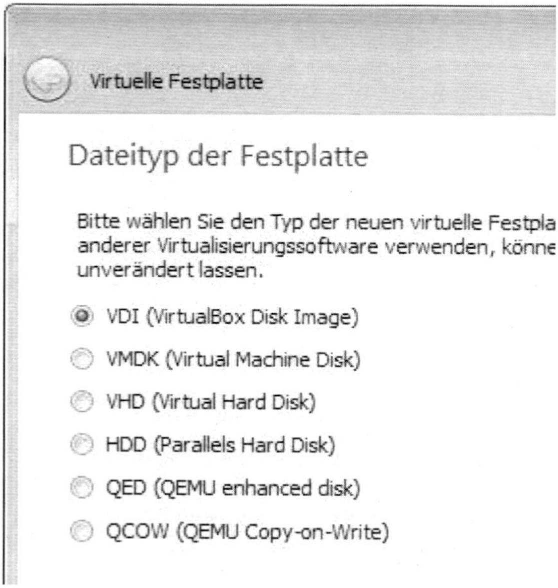

Die Auswahl des Festplattentyps beim Anlegen einer Festplatte.

Aus Kapitel 1 wissen Sie, dass VirtualBox vier verschiedene Image-Formate unterstützt:

- **VDI** (Virtual Disk Image) – Dieses Format ist das Standardformat beim Erstellen einer Festplatte.
- **VMDK** – Hierbei handelt es sich um ein offenes Format, das insbesondere von den VMware-Produkten verwendet wird. VirtualBox unterstützt es, um einen Austausch von VMs zu ermöglichen bzw. zu vereinfachen.
- **VHD** – VirtualBox bietet volle Unterstützung des von Microsoft verwendeten Formats.
- **HDD** – Dieses Format wird von Parallels verwendet. Deren Lösung erlaubt die parallele Ausführung von Windows auf einem Mac OS X-System.

Beim Anlegen eines Images können Sie außerdem festlegen, ob die Größe fixiert ist oder ob sie eine dynamisch anpassbare Größe wünschen. Wenn Sie sich für die Option feste Größe entscheiden, entspricht die tatsächliche Größe des Festplatten-Images der angegebenen Größe. Sie sollten dabei beachten, dass das Erstellen einer entsprechend großen Festplatte auch Zeit beansprucht.

Soll die Festplatte eine feste Größe besitzen?

Deutlich flexibler ist die Variante *dynamisch alloziert*. Die Ausgangsgröße ist recht klein und mit jedem weiteren Schreibvorgang wächst die Image-Datei an, bis sie schließlich ihre maximale Größe erreicht.

Die Kehrseite allerdings: Das Vergrößern der Image-Datei schluckt bisweilen erhebliche Systemressourcen. Daher können Schreibvorgänge auch ein wenig langsamer verlaufen.

3.2 Medien-Manager

VirtualBox verwaltet alle Festplatten, CD-/DVD-Laufwerke und sonstigen Medien im sogenannten Manager für virtuelle Medien. Dabei handelt es sich um Medien, die VirtualBox bekannt sind. Bekannt heißt, dass sie in irgendeiner Form in VirtualBox verwendet werden. Der Manager bezieht seine Informationen aus zwei Quellen. Zunächst liest er alle Medien ein, die mit den VMs verknüpft sind, die Sie angelegt haben. Dann kann der Manager all jene Medien einlesen, die aus Kompatibilitätsgründen von Vorgängerversionen verwendet wurden.

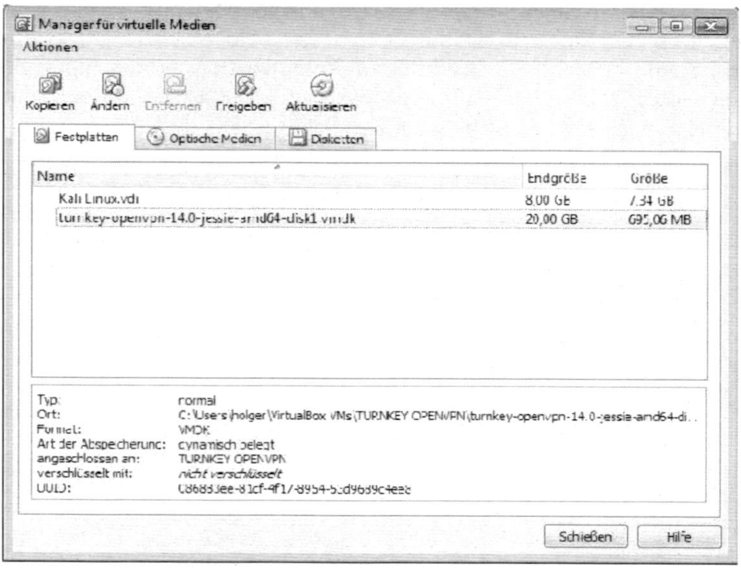

Der Manager für virtuelle Medien.

Der Manager für virtuelle Medien ist über das *Datei*-Menü verfügbar. Alternativ können Sie auch die Tastenkombination *Strg* + *D* verwenden. Er präsentiert Ihnen drei Registerkarten, auf denen die Festplatten, optische Medien und Diskettenlaufwerke zu finden sind. Zu jeder virtuellen Festplatte werden die Bezeichnung, die aktuelle und die Endgröße in Tabellenform aufgeführt.

Wenn Sie einen Eintrag markieren, listet der Manager unterhalb der Medienübersicht verschiedene technische Informationen wie den Typ, den Speicherort, das Format und die Speicherart auf. Eine etwaige Verschlüsselung wird ebenso angezeigt, wie die UUID. Bei optischen Medien und Disketten fallen die Informationen spärlicher aus.

Über die Symbolleiste des Medien-Managers können Sie verschiedene Aktionen ausführen. Sie können mit *Kopieren* einen Festplatten-Klon erzeugen. Mit *Ändern* können Sie den Medientyp bearbeiten. Mit *Entfernen* lösen Sie insbesondere optische Medien aus einer Festplattenkonfiguration heraus. Auch das Freigeben und das Aktualisieren der Ansicht sind über die Symbolleiste möglich. Für das Klonen ist die Kopierfunktion allerdings weniger geeignet, denn die Kopie besitzt die gleiche UUID wie das Ausgangsmedium. Wie Sie einen Klon erzeugen, ist in Kapitel 1.3.3 beschrieben.

3.3 CD-/DVD-Unterstützung

Natürlich kann eine virtuelle Maschine auch auf ein CD- und DVD-Laufwerk zugreifen. Diese Möglichkeit wird ja auch häufig genutzt, um Betriebssysteme zu installieren – sei es von Originalinstallations-CDs oder aber von selbst erzeugten Installationsmedien.

Standardmäßig kann VirtualBox nur von einem Laufwerk lesen, nicht aber selbst Medien beschreiben. Ein Schreiben ist nur möglich, wenn Sie den Passthrough-Modus aktivieren.

4 Virtuelle Netzwerke

Ich hatte es bereits im einleitenden Kapitel erwähnt: Eine der Stärken von VirtualBox ist das Erstellen von virtuellen Netzwerken. Sie können auf einem Host-System einfache und komplexe virtuelle Netzwerke realisieren. Damit steht Ihnen eine ideale Plattform für das Evaluieren von Netzwerkanwendungen zur Verfügung.

In Kapitel 1 ist es bereits gefallen: Sie können jeder virtuellen Maschine bis zu acht virtuelle Ethernet-Karten zuweisen. Jede dieser Karten kann dann wiederum individuell konfiguriert werden. Sie können jeder Schnittstelle einen Kartentyp und den Virtualisierungsmodus zuweisen.

Aus Kapitel 2.7 wissen Sie, wie Sie einer VM bis zu vier Schnittstellen über die GUI zuweisen. Wenn Sie weitere Schnittstellen benötigen, müssen Sie diese mit dem Konsolenwerkzeug VBoxManage anlegen.

4.1 Netzwerkadapter

Damit die VM auch weiß, mit welchem Netzwerkadapter sie es zu tun hat, können Sie der Schnittstelle einen konkreten Adaptertyp zuordnen. VirtualBox kann folgende Netzwerkadapter emulieren:

- AMD PCNet PCI II (Am79C970A)
- AMD PCNet FAST III (Am79C973, der Standard)
- Intel PRO/1000 MT Desktop (82540EM)
- Intel PRO/1000 T Server (82543GC)
- Intel PRO/1000 MT Server (82545EM)
- Paravirtualisierter Netzwerkadapter (virtio-net)

Dabei verwendet VirtualBox den PCNet FAST III-Adapter als Standardnetzwerkadapter, weil dieser von allen relevanten Betriebssystemen unterstützt wird.

Die Netzwerkkonfiguration kennt außerdem den paravirtualisierten Netzwerkadapter. Wenn Sie diese Option verwenden, virtualisiert VirtualBox nicht die allgemeine Netzwerk-Hardware, sondern erwartet vielmehr ein spezielles Software-Interface, das dem Gast die Netzwerkanbindung erlaubt. Entsprechende Virtio-Treiber sind für aktuelle Linux- und Windows-Systeme verfügbar.

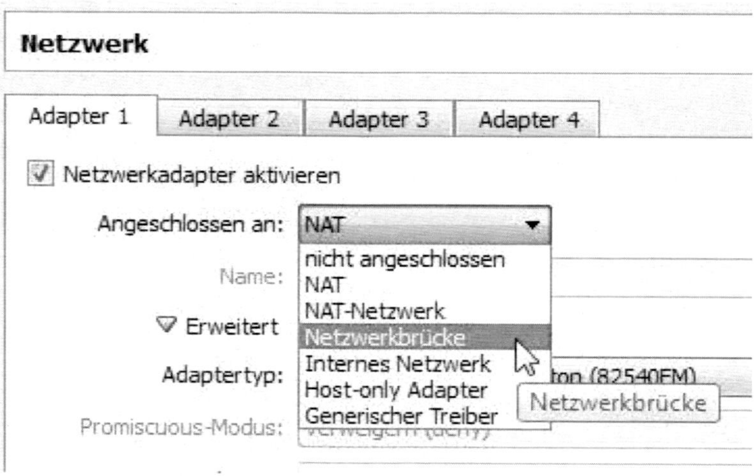

Die Auswahl des Netzwerkmodus.

Um einen der vier vordefinierten Netzwerkadapter für eine VM zu aktivieren, öffnen Sie in der VM-Konfiguration das Menü *Netzwerk*. Aktivieren Sie auf der Registerkarte *Adapter 1* das Kontrollkästchen *Netzwerkadapter aktivieren*. Mit dem Auswahlmenü *Angeschlossen an* bestimmen Sie den Netzwerkmodus. Sie haben die Wahl zwischen folgenden Modi:

- **Nicht angeschlossen**: In diesem Modus teilt VirtualBox dem Gast mit, dass ein Netzwerkadapter vorhanden ist, dass aber keine Verbindung existiert, so als wäre kein Ethernet-Kabel eingesteckt.
- **NAT**: Wenn Sie mit dem Gastbetriebssystem lediglich Surfen, Dateien übertragen und E-Mails lesen und schreiben wollen, dann ist dieser Modus in der Regel der richtige. Allerdings unterliegt er auch einigen Einschränkungen. Dazu später mehr.
- **NAT-Netzwerk**: Hierbei handelt es sich um ein recht junges Feature, das sich noch in einem experimentellen Status befindet.
- **Netzwerkbrücke**: Wenn Sie auf einem Gastrechner einen Server oder ähnliches betreiben wollen, dann ist dieser Modus der richtige. In dieser Konfiguration umgeht VirtualBox den Netzwerk-Stack des Hosts und kommuniziert direkt über den emulierten Netzwerkadapter.
- **Internes Netzwerk**: Verwenden Sie diese Option, wenn Sie ein softwarebasiertes Netzwerk erstellen wollen, aber darauf keine Anwendungen ausgeführt werden.
- **Host-only Adapter**: Mit dieser Option können Sie ein Netzwerk erstellen, das aus einem Host und mehreren virtuellen Maschinen besteht. Dazu bedarf es keines physikalischen Netzwerkadapters auf dem Host. Ein virtuelles Netzwerk-Interface stellt die Verbindungen zwischen dem Host und den virtuellen Maschinen her.
- **Generischer Treiber**: Die letzte Option wird selten genutzt, erlaubt dem Anwender aber die Verwendung zweier Untermodi *UDP Tunnel* und *VDE* (Virtual Distributed Ethernet).

In den nachfolgenden Abschnitten schauen wir uns die wichtigsten Modi und deren Besonderheiten genauer aus.

4.2 Verwendung von NAT

Am einfachsten ist der Zugriff auf ein externes Netzwerk von einer virtuellen Maschine mit NAT möglich. Dazu sind in der Regel keinerlei Anpassungen auf Seiten des Hosts und des Gastsystems notwendig. Aus diesem Grund ist auch NAT der Standardmodus beim Anlegen einer neuen VM.

Eine VM, die NAT verwendet, agiert wie ein typischer Computer, der die Internet-Verbindung über einen Router herstellt. In unserem Fall übernimmt die Netzwerk-Engine von VirtualBox die Rolle des Routers und mapt den Traffic von und zu der virtuellen Maschine transparent. In VirtualBox ist der Router zwischen jeder VM und dem Host platziert. Diese Trennung erhöht allerdings auch die Sicherheit, da Standard-VMs nicht miteinander kommunizieren können.

Allerdings müssen Sie bei der Verwendung von NAT auch mit einem Nachteil leben: Die VMs sind nicht von außerhalb erreichbar. Sie verbergen sich vielmehr wie bei einem privaten Netzwerk hinter dem Router.

Was passiert nun konkret, wenn Sie NAT verwenden? Versendet der Gast einen Request oder ein Datenpaket, so wird dieses von der VirtualBox NAT-Engine entgegengenommen, die TCP/IP-Daten werden extrahiert und dann mit Hilfe des Host-Betriebssystems weitergereicht. Diese Daten können dann an einen Internet-Rechner, an eine Anwendung, einen lokalen Rechner oder ein beliebiges anderes Ziel übermittelt werden. Dabei wird die IP-Adresse des Hosts als Absender verwendet. Antworten von externen Rechnern, Diensten etc. werden von dem Host entgegengenommen und dann an die virtuelle Maschine weitergereicht.

Die VMs erhalten ihre IP-Adressen von dem in VirtualBox integrierten DHCP-Server. Diese Adressen stammen aus einem ganz anderen Netzwerksegment. Sie können mehrere Netzwerkadapter für NAT konfigurieren. In diesem Fall weist VirtualBox dem ersten das private Netzwerk 10.0.1.0, dem zweiten 10.0.2.0 und dem dritten 10.0.3.0 zu. Diese Vorgaben können Sie auf der Konsole ändern.

Standardmäßig sind die NAT-basierten VMs nicht für Zugriffe von außen zugänglich. Aber das können Sie ändern, indem Sie die sogenannte Port-Weiterleitung aktivieren. Konkret bedeutet das, dass VirtualBox auf bestimmte Ports auf dem Host hört und das Paket an den Port weiterreicht. Es kann sich dabei um den gleichen, aber auch um einen anderen Port handeln.

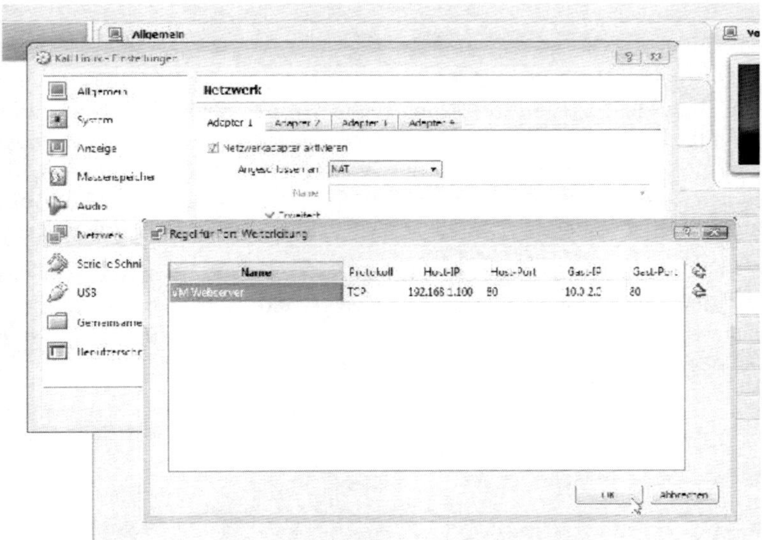

Die Konfiguration einer Port Forwarding-Regel.

Über die VM-Konfiguration können Sie die Weiterleitung einrichten. Dazu stellen Sie auf der Registerkarte des betreffenden virtuellen Netzwerk-Interface sicher, dass NAT aktiviert ist. Öffnen Sie die erweiterten Einstellungen und klicken Sie auf die Schaltfläche *Port-Weiterleitung*. Im Dialog *Regel für Port-Weiterleitung* legen Sie *Weiterleitung* an. Klicken Sie auf das Pluszeichen und weisen Sie der Konfiguration einen Namen, das Protokoll sowie die IP-Adressen und Ports von Host und Gast zu. Mit *OK* sichern Sie die Einstellung.

NAT eignet sich hervorragend, um schnell und unkompliziert den Zugriff von einer VM auf das Netzwerk zu ermöglichen. Doch NAT unterliegt einzigen Einschränkungen. So kann beispielsweise das Protokoll ICMP nur begrenzt verwendet werden. Es kommt zum Beispiel bei Netzwerkanalysewerkzeugen wie Ping oder Traceroute zum Einsatz. Auch der Empfang von UDP-Broadcasts ist unzuverlässig.

4.3 Netzwerkbrücke

Die sogenannte Netzwerkbrücke verwendet einen Laufwerkstreiber auf dem Host-System, der Daten von dem physikalischen Netzwerkadapter filtert. Aus diesem Grund bezeichnet man den Treiber auch als Netfilter. Dieser Filter erlaubt das Abfangen von Daten des physikalischen Netzwerks und das Einschleusen von eigenen Daten. Alles mit dem Ziel, ein neues softwarebasiertes Netzwerk-Interface zu erzeugen.

Verwendet nun ein Gast ein solches Software-Interface, so sieht das für den Host so aus, als wäre das Gastbetriebssystem physikalisch zu dem Interface verbunden. Konkret bedeutet das, dass der Host Daten an den Gast senden kann und auch Antworten erhalten kann.

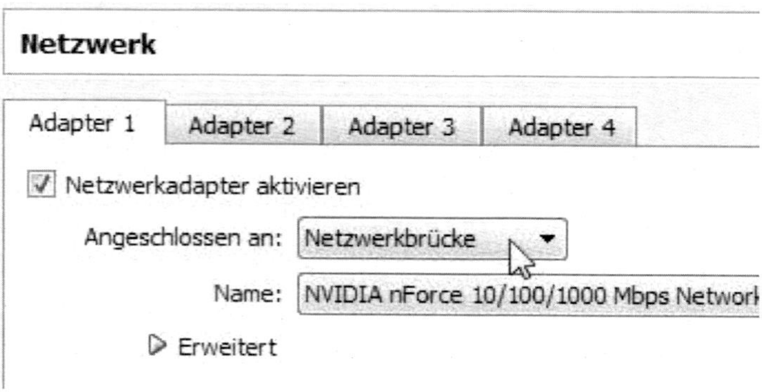

Das Aktivieren der Netzwerkbrücke.

Möglich wird das durch die Installation des Bridge-Treiber, der Bestandteil Ihrer VirtualBox-Installation ist. Um die Netzwerkbrücke zu aktivieren, verwenden Sie einfach in der Adapterkonfiguration im Auswahlmenü *Angeschlossen an* die entsprechende Option.

4.4 Internes Netzwerk

Das Erzeugen eines internen Netzwerks ist mit der Netzwerkbrücke vergleichbar. In einem solchen Szenario können die VMs unmittelbar miteinander kommunizieren. Damit stellt sich die Frage, worin der Vorteil der internen gegenüber der überbrückten Variante liegt? Die interne Variante bietet ein Mehr an Sicherheit.

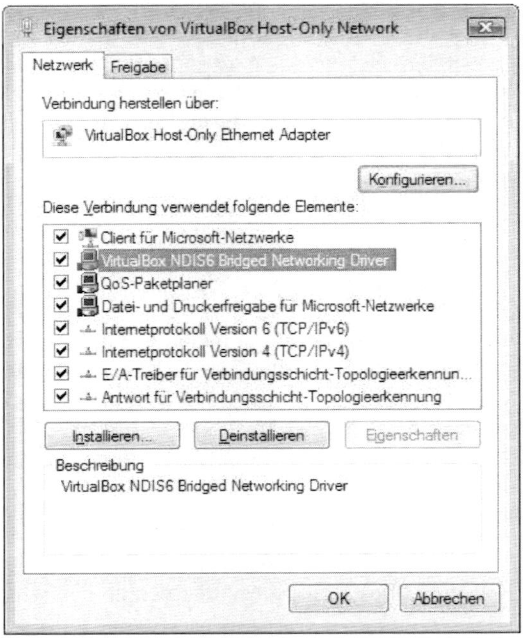

Das Host-only-Netzwerk in der Windows-Netzwerkkonfiguration.

Bei der Netzwerkbrücke fließt der gesamte Traffic durch das physikalische Interface des Hosts. Das bedeutet, dass der Datenverkehr beispielsweise mit einem Sniffer wie Wireshark aufgezeichnet werden kann. Das ist bei einem internen Netzwerk nicht möglich.

4.5 Host-only Netzwerk

Das sogenannte Host-only-Netzwerk kommt auch ohne einen physikalischen Netzwerkadapter aus. Mit dieser Option erzeugen Sie ein Netzwerk, das aus einem Host und mehreren virtuellen Maschinen besteht. Dabei stellt ein virtuelles Netzwerk-Interface die Verbindungen zwischen dem Host und den virtuellen Maschinen her. Bei dieser Netzwerkvariante wird eine Art Loopback-Interface erzeugt, über das der interne Traffic läuft.

Das Installationsprogramm von VirtualBox hat bei der Programmeinrichtung zwei solcher Netzwerkadapter erzeugt. Deren Bezeichnung lautet *VirtualBox Host-Only Network* und *VirtualBox Host-Only Network #2* und ist in der Netzwerkkonfiguration zu finden. In der VM-Konfiguration stehen diese beiden Adapter zur Auswahl. Sie sind beide standardmäßig aktiviert.

4.6 Netzwerkperformance

In den vorangegangenen Abschnitten haben Sie die wichtigsten Netzwerkmodi kennengelernt, die VirtualBox zu bieten hat. Die generische Variante habe ich ausgespart, weil sie sehr selten verwendet wird. Abhängig von der verwendeten Netzwerkvariante ergeben sich unterschiedliche Empfehlungen für eine optimale Performance der Netzwerkumgebung.

Die VirtualBox-Entwickler empfehlen den Virtio-Netzwerkadapter und die Intel PRO/1000-Emulation zu verwenden. Die folgenden drei Verbindungsszenarien besitzen nahezu die gleiche Performance:

- Internes Netzwerk
- Netzwerkbrücke
- Host-only Netzwerk

Allerdings gilt die interne Variante als ein wenig schneller und weniger speicherbeanspruchend. Neben den beiden schnellen Netzwerkadapteremulationen sollten Sie der Netzwerkbrücke vor NAT den Vorzug geben – sofern das möglich ist.

5 VirtualBox für Fortgeschrittene

Wenn Sie die ersten vier Kapitel durchgearbeitet haben, wissen Sie bereits, wie Sie mit VirtualBox arbeiten und Sie kennen die wichtigsten Funktionen und Möglichkeiten. Aber Sie ahnen es schon: Die Virtualisierungsumgebung kann noch weit mehr.

5.1 Gast-Login automatisieren

Die Gasterweiterung ermöglicht das automatisierte Login bei Linux- und Windows-Systemen. Dabei können Sie die Zugangsdaten aus einem Login-System verwenden und die Daten dann bei Bedarf verwendet werden. Die Zugangsdaten bestehen in der Regel aus drei Informationen: Benutzername, Passwort und Domainname, wobei auch jede Information, genauer jedes Feld, leer sein kann.

Wenn Sie diese Möglichkeit nutzen wollen, ergeben sich natürlich Unterschiede zwischen Linux- und Windows-Betriebssystemen. Mit der Einführung von Windows NT hat Microsoft ein modulares Subsystem (winlogon) eingeführt, das angepasst und durch sogenannte GINA-Module (Graphical Indentification and Authentication) erweitert werden kann. Bei Windows Vista und Windows 7 wurde GINA durch einen neuen Mechanismus mit der Bezeichnung Credentials Providers ersetzt.

Das Gute für VirtualBox-Anwender: In den Gasterweiterungen sind beide enthalten. Sie müssen nur eingerichtet bzw. aktiviert werden. Sie müssen diese beide nun aus den Erweiterungen extrahieren und dann in betreffende Host-Systeme kopieren.

Zunächst benötigen Sie die beiden DLLs *VBoxGINA.dll* und *VBoxCredProv.dll*. Die erhalten Sie, indem Sie Gasterweiterungen extrahieren:

```
VBoxWindowsAdditions.exe /extract
```

Dann registrieren Sie das GINA-Modul in der Windows-Registry. Dazu erzeugen Sie folgenden Schlüssel:

```
HKEY_LOCAL_MACHINE\SOFTWARE\Microsoft\Windows
NT\CurrentVersion\Winlogon\GinaDLL
```

Weisen Sie diesem Schlüssel den Wert *VBoxGINA.dll* zu. Um das Credential Provider-Modul zu installieren, ist mehr Arbeit erforderlich. Zunächst kopieren Sie die Datei *VBoxCredProv.dll* in das Windows-Verzeichnis *SYSTEM32*. Dann erzeugen Sie die folgenden Registry-Schlüssel:

```
HKEY_HKEY_HKEY_LOCAL_MACHINE\SOFTWARE\Microsoft\Wind
ows\Cur-rentVersion\Authentication\Credential Provi-
ders\{275D3BCC-22BB-4948-A7F6-3A3054EBA92B}
```

```
HKEY_CLASSES_ROOT\CLSID\{275D3BCC-22BB-4948-A7F6-
3A3054EBA92B}
```

```
HKEY_CLASSES_ROOT\CLSID\{275D3BCC-22BB-4948-A7F6-
3A3054EBA92B}\InprocServer32
```

Setzen Sie die Standardwerte auf *VBoxCredProv*. Dann erzeugen Sie einen weiteren Schlüssel:

```
HKEY_CLASSES_ROOT\CLSID\{275D3BCC-22BB-4948-A7F6-
3A3054EBA92B}\InprocServer32\ThreadingModel
```

Um die Zugangsberechtigungen zu setzen, führen Sie für eine laufende VM folgenden Befehl aus:

```
VBoxManage controlvm "Windows XP" setcredentials
"Benutzer" "Passwort" "DOMTEST"
```

Damit ist in Zukunft ein automatisches Login möglich. Unter Linux verwendet man die PAM-Module. Die Konfiguration ist allerdings ein wenig tricky. Auf der VirtualBox-Projektsite finden Sie weitere Anleitungen hierfür.

5.2 Remote-Zugriff auf VMs

In Kapitel 1 hatte ich bereit erwähnt, dass VirtualBox auch die Möglichkeit der Remote-Steuerung und Nutzung von virtuellen Maschinen erlaubt. Sie können also eine VirtualBox-Installation, die sich auf einem entfernten Rechner befindet von einem anderen Netzwerk-Client aus steuern, so, also würden Sie direkt mit der Virtualisierungsumgebung arbeiten.

Mit VirtualBox 4.0 wurde die VRDE (VirtualBox Remote Desktop Extension) eingeführt. Sie wurde in Version 5.0 weiter ausgebaut und ist inzwischen recht ausgereift und erlaubt einen stabilen Zugriff auf eine VirtualBox-Umgebung. Zunächst müssen Sie allerdings auf den Host die Gasterweiterungen installieren.

Standardmäßig ist der Remote-Server bei einer neu angelegten virtuellen Maschine deaktiviert und muss in der VM-Konfiguration im Menü *Anzeige* auf der Registerkarte *Fernsteuerung* aktiviert werden.

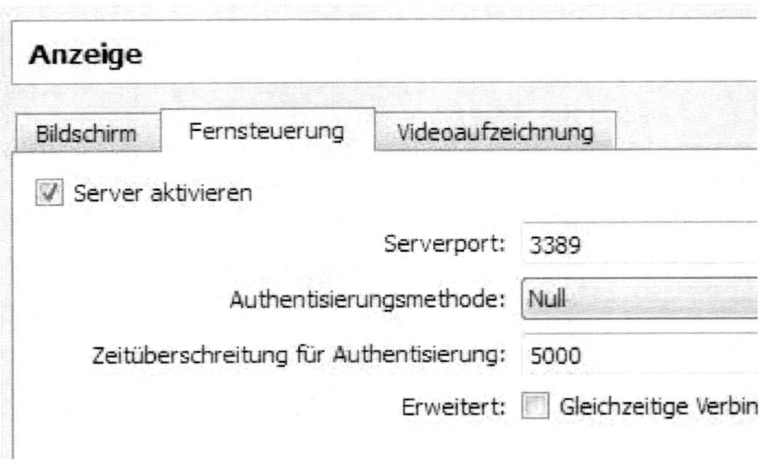

Das Aktivieren und Konfigurieren des VRDP-Servers.

Der VRDP-Server verwendet wie für RDP üblich standardmäßig den Port 3389. Das können Sie in der Fernsteuerungseinstellung gegebenenfalls ändern. Nachdem Sie den Server aktiviert haben, benötigen Sie einen RDP-Viewer, mit dem Sie auf den VirtualBox-Dienst zugreifen.

In Windows-Clients ist ein Programm enthalten, das dieses leistet: *mstsc.exe*. Dahinter verbirgt sich das Programm Remotedesktopverknüpfung. Das Programm finden Sie auch im Windows-Zubehör.

Alles Weitere ist einfach: Nach dem Start der Desktopverknüpfung geben Sie die IP-Adresse der virtuellen Maschine und den Benutzernamen. Mit einem Klick auf die Schaltfläche *Verbinden* stellen Sie die Verbindung zur VM her. Nun können Sie mit dem Remote-System auf das virtuelle System zugreifen.

Bei jeder Form des Remote-Zugriffs stellt sich immer die Frage, wie es mit der Sicherheit der Verbindung bestellt ist. In der VDRP-Server-Konfiguration finden Sie verschiedene Authentifizierungsmöglichkeiten, die über das Auswahlmenü *Authentifizierungsmethode* zur Verfügung steht:

- **Null**: Die Option *Null* verwendet keine Authentifizierung. Das bedeutet, dass sich jeder Client mit dem VRDP-Server der virtuellen Maschine verbinden kann.
- **Extern**: Beim Remote-Zugriff auf eine VirtualBox-Installation können Sie die mit der Standardauthentifizierungsbibliothek VBoxAuth die des jeweiligen Betriebssystems verwenden.
- **Gast**: Bei dieser Option wird der Benutzeraccount *guest* verwendet, allerdings ohne eine Authentifizierung durchzuführen.

Die Windows-Desktopverknüpfung.

5.3 Abgespeckte GUI: VBoxSDL

Neben der Standard-GUI verfügt VirtualBox über eine abgespeckte Variante, VBoxSDL. Dabei fehlen viele Konfigurationsmöglichkeiten. Allerdings ist diese Variante nicht unter Mac OS X verfügbar. Die abgespeckte Variante starten Sie auf der Konsole mit folgendem Befehl:

```
VBoxSDL -startvm vm_name
```

Dabei geben Sie den Namen der virtuellen Maschine an. In der Praxis bricht der Ladevorgang der abgespeckten Variante allerdings oftmals mit einer Fehlermeldung ab.

5.4 Webcam verwenden

Aktuelle Notebooks sind in der Regel derart gut ausgestattet und schnell, dass man sie auch für die Ausführung von VirtualBox und darauf aufsetzenden VMs verwenden kann. So hat man immer auch mehrere Betriebssysteme unterwegs verfügbar. Je nachdem, welche Umgebung man in einer VM verwendet, kann es auch durchaus sinnvoll bzw. wünschenswert sein, wenn man auch die Webcam des Geräts in der virtuellen Umgebung verwenden könnte.

Seit VirtualBox 4.3 ist das dank eines experimentellen Treibers möglich, der in den Gasterweiterungen enthalten ist. Ist in Ihrem System eine Webcam installiert, kann diese in der Regel von VirtualBox erkannt und in das System integriert werden. Über das VM-Menü *Geräte* stehen Ihnen die installierten Kameras (in der Regel ist es ja nur eine) zur Verfügung. Auf der Konsole können Sie mit folgendem Befehl die Liste der installierten Kameras abrufen:

```
VBoxManage list webcams
```

In der Regel gibt dieser Befehl einen Zahlenwert aus:

```
Video Input Devices: 1
```

5.5 Anzeige optimieren

Die Anzeige der VMs ist häufig ein Problem. Manchen Anwendern ist sie zu groß, anderen die Auflösung nicht hoch genug. Kurz: An der Darstellung ist meist etwas zu optimieren. VirtualBox stellt den VMs standardmäßig sechzehn verschiedene Grafikmodi zur Verfügung. Wenn Sie Windows als Gastsystem verwendet, so wird ein benutzerdefinierter Grafiktreiber verwendet. Sie können zusätzliche Modi verwenden, indem Sie die Funktion *CustomVideoMode<x>* nutzen, wobei das x für einen Zahlenwert von 1 bis 16 steht. Hier ein Beispiel für die Verwendung mit VBoxManage:

```
VBoxManage setextradata "VM name" "CustomVideoMode1"
"1400x1050x16"
```

Wie erzielt man nun eine maximale Auflösung des Gastsystems? Wenn Sie die Gasterweiterungen installiert haben, so kann der Gast keine höhere Auflösung als der Host verwenden, außer Sie nehmen eine manuelle Änderung dieser Konfiguration vor. Hierfür greifen Sie am besten zu VBoxManage. Mit dem folgenden Befehl entfernen Sie alle Beschränkungen der Auflösung für den Gast:

```
VBoxManage setextradata global
GUI/MaxGuestResolution auto
```

Um anschließend auf Seiten des Gastes die maximale Auflösung zu verwenden, verwenden Sie diesen Befehl:

```
VBoxManage setextradata global
GUI/MaxGuestResolution >breite,höhe<
```

5.6 Speicherkonfiguration

VirtualBox kann nicht nur virtuelle Festplatten nutzen, sondern auch reale Medien in eine virtuelle Maschine integrieren. In der VirtualBox-Terminologie wird diese Möglichkeit auch als Raw Hard Disk Access bezeichnet. Ich möchte hier nur kurz auf diese Möglichkeit zu sprechen kommen. Diese Option ist wirklich nur für Experten geeignet, denn die Gefahr des Datenverlustes ist groß. Um ein Image für den Rohzugriff zu erzeugen, verwenden Sie auf einem Linux-Host folgenden Befehl:

```
VBoxManage internalcommands createrawvmdk -filename
/pfad/zur/datei.vmdk -rawdisk /dev/sda -partitions
1,5
```

Unter Windows müssen Sie die Pfadangabe entsprechend anpassen.

5.7 Feintuning der NAT-Engine

In Kapitel 4.2 haben Sie die Netzwerkfunktionen von VirtualBox kennengelernt. Sie wissen, welche Netzwerktypen von der Virtualisierungsumgebung unterstützt werden und welche Vorteile die einzelnen Varianten bieten. Der NAT-Modus ist der Standardmodus und eignet sich für typische Anforderungen, bei denen der VM-Client auf das Netzwerk zugreifen kann. Gerade für diesen Modus gibt es verschiedene Tuning-Möglichkeiten. Dem Gastnetzwerk weißt VirtualBox automatisch den IP4-Adressbereich 10.0.x.0/24 zu. Wenn Sie anstelle dieses Bereichs einen anderen verwenden wollen, können Sie das mit folgendem Befehl erreichen:

```
VBoxManage modifyvm "VM-Name" --natnet1 "192.168/16"
```

Der voranstehende Befehl reserviert die Netzwerkadressen 192.168.0.0 bis 192.168.254.254 für das NAT-Netzwerk mit der Bezeichnung *VM-Name*. Die Gast-IP-Adresse lautet dann 192.168.0.15 und 192.168.0.2 wird dem Gateway zugeordnet.

VirtualBox verfügt über einen eigenen TFTP-Server, den Sie auch zum Booten einer VM verwenden können. Die Standardadresse lautet 10.0.2.4. Aber das können Sie ändern und das Boot-Image bestimmen:

```
VBoxManage modifyvm "VM-Name" --nattftpserver1
10.0.2.2
```

```
VBoxManage modifyvm "VM-Name" --nattftpfile1
/srv/tftp/boot/PXE-BootImage.pxe
```

Der NAT-Stack besitzt einen eigenen Zwischenspeicher, den Sie für die optimale Netzwerkperformance auch tunen können. Manchmal ist es sinnvoll, die Puffergröße auf einen Wert von 8 bis 1024 KB zu setzen. Dazu verwenden Sie folgenden Befehl:

```
VBoxManage modifyvm "VM-Name" --natsettings1
16000,128,128,0,0
```

Die Werte bestimmen den MTU-Wert, gefolgt von der Größe des Sende- und der des Empfangspuffers. Beide Puffer sind auf 128 KB gesetzt. Die Standardpuffergröße lautet 64, der Standard-MTU-Wert 1500.

5.8 Sicherheit

Spätestens dann, wenn Sie VirtualBox und darauf aufsetzende virtuelle Maschinen produktiv nutzen wollen, müssen Sie sich auch mit der Sicherheit der Umgebung beschäftigen. Die Ausführung von VMs auf VirtualBox ist eine komplizierte Angelegenheit, weil dabei die verschiedensten Komponenten eine Rolle spielen. Neben der Sicherheit des Gastbetriebssystems spielt auch das zugrundliegende Host-Betriebssystem eine Rolle.

Zunächst sollten Sie sicherstellen, dass Sie eine aktuelle VirtualBox-Installation verwenden. Das gilt natürlich auch für die installierte Gasterweiterung. Als Nächstes sollten Sie den Netzwerkzugriff auf die kritischen Services beschränken. Prinzipiell sollten Sie dafür sorgen, dass Sie eine Monitoring-Umgebung für die Überwachung verwenden.

Index

G

H

I

K

L

M

N

T

U

V

W

X

Z

Weitere Brain-Media.de-Bücher

X-Plane 10 kompakt

Der Klassiker unter den Flugsimulatoren geht in die zehnte Runde. Viele neue Funktionen und verbessertes Handling warten auf die Anwender. Kein Wunder also, dass die Fangemeinde wächst und wächst. Unser Handbuch beschreibt alles, was Sie für das Fliegen mit X-Plane wissen sollten.

Umfang: 430 Seiten
ISBN: 978-3-939316-96-1
Preis: 22,99 EUR

Evernote kompakt

Bei der alltäglichen Informationsflut wird es immer schwieriger, Wichtiges von Unwichtigem zu trennen, Termine und Kontakte zu verwalten. Mit Evernote können Sie diese Flut bändigen und Ihren Alltag optimieren. "Evernote kompakt" vermittelt das notwendige Know-how für den Einsatz von Evernote auf Ihrem Desktop, Smartphone und online.

Umfang: 320 Seiten
ISBN: 978-3-95444-098-6
Preis: 19,99 EUR

Fire TV kompakt

Mit Fire TV hat Amazon eine tolle kleine Box für das Online-Entertainment auf den Markt gebracht, die für wenig Geld die gesamte Palette der Internet-basierten Unterhaltung abdeckt. In diesem Handbuch erfahren Sie, was Sie alles mit der kleinen Box anstellen können.

Umfang: 182 Seiten
ISBN: 978-3-95444-172-3
Preis: 16,99 EUR

Magento SEO kompakt

Magento ist die Standardumgebung für den Aufbau eines Online-Shops. Doch damit Sie mit Ihren Shop-Angebot auch im Internet wahrgenommen werden, müssen Sie ein wenig die Werbetrommel rühren und den Shop für Google & Co. optimieren. Mit wenigen Handgriffen machen Sie Ihren Online-Shop SEO-fest und maximieren Ihre Verkäufe.

Umfang: 100 Seiten
ISBN: 978-3-95444-098-6
Preis: 12,99 EUR

Wireshark kompakt

Wireshark ist der mit Abstand beliebteste Spezialist für die Netzwerk- und Protokollanalyse. In diesem Handbuch lernen Sie, wie Sie mit dem Tool typische Administratoraufgaben bewältigen. Das Buch beschränkt sich dabei auf die wesentlichen Aktionen, die im Admin-Alltag auf Sie warten, und verzichtet bewusst auf überflüssigen Ballast.

Umfang: 170 Seiten
ISBN: 978-3-95444-176-1
Preis: 15,99 EUR

Scribus 1.5 kompakt

Scribus ist längst ein ebenbürtiger Gegenspieler von InDesign & Co. In unserem Handbuch erfahren Sie alles, was Sie für den erfolgreichen Einstieg wissen müssen.

460 Seiten Praxis-Know-how. Dazu viele Tausend ClipArts und Schriften zum kostenlosen Download.

Umfang: 460 Seiten
ISBN: 978-3-95444-124-2
Preis: 22,99 EUR

Hacking kompakt

Wer für die Sicherheit von Netzwerken zuständig ist, muss mögliche Angriffspunkte identifizieren und anschließend schließen. Zur Identifikation greifen Sie zu traditionellen Hacker-Methoden. Dieses Handbuch vermittelt das notwendige Rüstzeug. Bereits nach wenigen Stunden beherrschen Sie die wichtigsten Hacker-Methoden und können sich so in Zukunft besser vor Angreifern schützen.

Umfang: 170 Seiten
ISBN: 978-3-95444-160-0
Preis: 16,99 EUR

Nmap kompakt

Netzwerkadministratoren schwören auf Nmap! Kein Wunder, denn kaum ein anderes Werkzeug bietet mehr Komfort bei der Inventarisierung und dem Scannen von Hosts und Services. Nmap kompakt führt Sie in die Verwendung des Klassikers ein.

Umfang: 140 Seiten
ISBN: 978-3-95444-237-9
Preis: 14,99 EUR

Audacity 2.1 kompakt

Audacity ist zweifelsohne das beliebteste freie Audioprogramm. Vom anfänglichen Geheimtipp hat sich der Editor zum Standard für die Aufzeichnung und Bearbeitung von Audiodaten gemausert. Das Vorwort steuert der ehemalige Core-Entwickler Markus Meyer bei.

Umfang: 312 Seiten
ISBN: 978-3-95444-249-2
Preis: 19,99 EUR

WordPress 4.x kompakt

WordPress ist seit Jahren die beliebteste Umgebung für das Erstellen eines eigenen Blogs. Kein Wunder, denn keine andere Lösung vereint Benutzerkomfort, Flexibilität und Leistungsfähigkeit so gut wie WordPress. In diesem Handbuch erfahren Sie alles, was Sie für den Schnelleinstieg in das Blog-System wissen müssen.

Umfang: 172 Seiten
ISBN: 978-3-95444-206-5
Preis: 16,99 EUR

Weitere Titel in Vorbereitung

Wir bauen unser Programm kontinuierlich aus. Aktuell befinden sich folgende Titel in Vorbereitung:

- Android Forensik
- Das papierlose Büro
- Geld verdienen mit WordPress
- Odoo kompakt
- Magento 2.0 kompakt
- Smart Home kompakt
- wa3f kompakt
- SmoothWall kompakt

Plus+

Plus+ – unser neues Angebot für Sie ... alle E-Books im Abo. Sie können 1 Jahr lang alle Brain-Media-Bücher als E-Book herunterladen und diese auf Ihrem PC, Tablet, iPad und Kindle verwenden – und das ohne irgendwelche Einschränkungen. Das Beste: Plus+ schließt auch alle jene Bücher ein, die in diesem Jahr noch erscheinen.

Und das zum Sonderpreis von 29 Euro!
Ein unschlagbares Angebot!

Auf unserer Website steht ein detaillierter Überblick aller Titel im PDF-Format zum Download bereit, der bereits zu Plus+ gehörende Titel aufführt und die in naher Zukunft hinzukommen.